# TABLEAU
# DE LISBONNE,
## EN 1796.

(Par Carrère, publié par Jansin, d'après Barbier)

# TABLEAU

# DE LISBONNE,

EN 1796;

SUIVI

DE LETTRES ÉCRITES DE PORTUGAL

SUR

L'ÉTAT ANCIEN ET ACTUEL

DE CE ROYAUME.

A PARIS,

CHEZ H. J. JANSEN, IMPRIMEUR-LIBRAIRE,
RUE DES SAINTS-PÈRES, N°. 1195, F. S. G.

---

1797 (AN VI).

# AVIS
## DE L'ÉDITEUR.

Il a paru depuis peu deux ouvrages sur le Portugal, qui méritent certainement l'attention du lecteur, d'autant plus que jusqu'à présent nous n'avions absolument rien qui put nous donner quelqu'idée de ce royaume. L'un de ces ouvrages a paru à Hambourg en un volume *in-*4°., sous le titre d'*Etat présent du royaume de Portugal*. On l'attribue à M. Dumouriez. L'autre est le *Voyage en Portugal*, par Murphy, dont on a donné depuis peu une traduction françoise, à Paris, en deux volumes *in-*8°., avec figures. Ces deux ouvrages, quoique bons en leur genre, ne présentent cependant qu'une esquisse peu satisfaisante des mœurs des Portuguais et de la ville de Lisbonne. Cela nous a engagé à publier le *Tableau de Lisbonne* que nous offrons aujourd'hui au public, et qui, selon nous, ne laisse rien à désirer à cet égard. Nous avons cru bien faire de prendre dans l'ouvrage de M. Dumouriez quelques notes sur des objets dont il y est question; d'autant plus que cet ouvrage est jusqu'à présent peu connu en France.

# AVANT-PROPOS.

Lisbonne est à l'extrémité de l'Europe; elle n'a d'autres relations que celles de son commerce ; les négocians sont presque les seuls qui y abordent : ils s'y occupent de leurs affaires; ils en sortent sans avoir rien vu, sans avoir rien observé. L'amateur des beaux-arts, le physicien, l'observateur, le philosophe n'y trouveroient aucun aliment à leur curiosité, aucune matière à leurs observations et à leurs recherches; ils n'y vont point. Aussi n'y a-t-il qu'un très-petit nombre de voyageurs qui en ait parlé, et nous n'en avons que des notions superficielles et incomplettes.

On sait qu'il existe un petit lambeau de terre appelé *Portugal*, un peuple appelé *Portuguais*, une ville appelée *Lisbonne*;

mais on en ignore les mœurs, les usages, les coutumes: on ne connoît ni le génie, ni le caractère du peuple qui l'habite; on le juge plongé encore dans une épaisse barbarie. Ce jugement a pour fondement le rôle nul et passif qu'il joue dans le monde littéraire et dans la constitution politique de l'Europe.

Des circonstances m'ont forcé à y aborder et à y prolonger mon séjour pendant assez long-tems. J'ai vu, j'ai observé; mais j'ai gardé le silence. La forme actuelle du gouvernement de cette petite contrée m'imposoit les précautions les plus réfléchies et la réserve la plus parfaite. J'eusse été perdu, si on eut pu soupçonner que j'observois: mes notes m'eussent été enlevées; ma personne, chargée de fers, eut été ensevelie dans des cachots: je n'eusse jamais revu la lumière; mes observations eussent été perdues, et j'aurois péri moi-même de chagrin, de douleur, de désespoir et de misère.

## AVANT-PROPOS.

Je ne me suis dérobé aux recherches avides et soutenues de la foule d'espions dont Lisbonne est infecté, qu'en jouant le rôle d'un homme passif, indifférent, insouciant, sans talens, sans lumières, hors d'état de rien connoître et de rien apprécier : on m'a regardé comme un homme très-ordinaire : ma nullité reconnue a été mon salut.

Je n'ai point été cependant sans alarmes ; elles se sont renouvellées souvent ; elles renaissoient à chaque capture ministérielle qu'on faisoit, et les occasions en étoient fréquentes.

J'ai cru mille fois voir l'attention de l'inquisition ministérielle fixée sur moi ; j'ai cru mille fois voir à mes trousses des cohortes de ses vils et infames satellites. Mon imagination frappée se portoit alors dans le fond de cachots ; je croyois y voir l'asyle qui m'y étoit destiné ; je croyois entendre le bruit des chaînes, et leur poids, quoique imaginaire, affaissoit mes membres, déja glacés par la terreur; je frémissois, j'étois anéanti.

Combien de fois un bruit léger, entendu pendant la nuit, ne m'a-t-il point jeté dans des frayeurs mortelles! Combien de fois le bruit du marteau de ma porte ne m'a-t-il point causé des soubresauts, des frémissemens, des serremens de cœur! Ma situation a été digne de pitié pendant six mois.

J'ai eu cependant le courage de continuer mes observations et de terminer mon ouvrage. Si on l'apprécie par les inquiétudes qu'il m'a données et par les dangers que j'ai courus, on le recevra avec indulgence, et il aura quelque succès.

Je suis parvenu à pouvoir publier le résultat de mes observations; je m'empresse de le faire.

Je fais connoître Lisbonne, son état

moral, physique, civil, politique et religieux : je donne des détails intéressans et curieux sur cette ville, sur sa cour, sur ses habitans, sur ses mœurs, sur ses usages, sur ses coutumes. Ils auront tous le mérite de la nouveauté ; ils présenteront, il est vrai, des nuances plus ou moins fortes de barbarie, d'ignorance, de nullité, de ridicule, et en même tems de présomption, d'orgueil et de prétention ; mais c'est la faute du peuple sur lequel j'écris, et encore plus celle de ceux qui le gouvernent. Je n'ai pu adoucir mes tableaux ; je les aurois dénaturés, et j'aurois manqué à l'hommage que je dois à la vérité.

Je ne redoute rien pour moi en publiant mes observations ; mais j'ai des craintes pour une foule d'autres individus qui peuvent devenir les victimes innocentes de la vengeance du ministère portugais.

Cette vengeance poursuivra sans relâche et avec acharnement le malheureux individu qui sera soupçonné d'être l'auteur de cet ouvrage. Elle le fera expirer secrètement sous les tourmens les plus cruels, si on peut se saisir de sa personne. Elle le poursuivra même dans les pays où les loix veillent avec le plus de soin à sa sûreté : si on ne peut s'en saisir, le poignard ou le poison l'enlèveront à la société : ce sont les armes des Portugais.

Les précautions que j'ai prises font ma sécurité ; je ne suis point soupçonné ; je ne le serai jamais : je reviendrois sans crainte en Portugal. Je vis même dans un pays où la liberté des citoyens est respectée et protégée, où on ne craint point les attentats du funeste despotisme des ministres des rois ; mais tant d'individus ont été vexés, persécutés, outragés, traités avec l'indignité la plus révoltante par ceux du Portugal, que les soupçons et la vengeance tomberont sur un d'entre eux. Pour ne point se méprendre, on en enveloppera peut-être plusieurs dans la proscription. Malheur à ceux qui auront développé un génie observateur, de la sensibilité, du courage, de l'énergie, quelque talent pour écrire ; voilà les victimes infortunées dont les têtes tomberont sous les coups de la vengeance portugaise.

Je dénonce d'avance ce nouvel attentat à toute l'Europe. Si quelqu'un, fortement maltraité par le gouvernement portuguais, est enlevé, s'il disparoît, s'il périt d'une mort violente, il sera tombé sous les coups de la rage ministérielle des despotes subalternes du Portugal : en voyant périr la victime, on reconnoîtra son assassin.

J'aurai été, par mon ouvrage, la cause innocente de sa perte ; je dois devenir son vengeur. Je reprendrai alors la plume ; je développerai, aux yeux de tout l'univers, ce nouveau forfait des ministres du Portugal ; je le développerai avec autant d'énergie que de vérité ; je le présenterai comme d'autant plus atroce, qu'il sera tombé sur une tête innocente; je provoquerai, sur ses auteurs, l'indignation de toute l'Europe et l'exécration de tous les siècles.

# TABLEAU DE LISBONNE.

## RECONSTRUCTION DE LISBONNE.

Une grande partie de Lisbonne fut renversée par le tremblement de terre de 1755; une partie, encore plus considérable, fut consumée par l'incendie qui en fut la suite. Un instant vit disparoître la moitié des maisons de cette capitale, des palais, presque toutes les églises, tous les édifices publics (1).

---

(1) Voici ce que M. Dumouriez dit de l'état de Lisbonne en 1766 :

« Lisbonne est située en amphithéâtre sur le bord du Tage,

Le marquis de Pombal, alors premier ministre d'état sous le roi Joseph I$^{er}$., développa un zèle bien dirigé, un activité surprenante

---

sur sept grandes montagnes et un grand nombre de collines; en y comprenant les fauxbourgs, elle a plus de deux lieues et demie de long sur une de large; elle est au 38°, 42', 50", de latitude, et au 8°, 26', 15", de longitude. Si l'on en croit les antiquaires, elle fut bâtie l'an du monde 1935, 278 ans après le déluge, par un petit-fils de Noé, nommé Elisa; elle fut ensuite rebâtie par Ulisse, qui la nomma Ulisiponna, nom qu'elle a conservé : elle étoit ville municipale des Romains; elle est le siège d'un patriarche depuis l'an 1708, et d'une collégiale fort riche et fort respectable, dont tous les chanoines ont le titre de monseigneur, et sont des plus grandes familles du royaume; le patriarche est revêtu comme le pape, et les chanoines comme les cardinaux quand ils officient solemnellement....

« On compte en tout dans cette capitale trente-sept paroisses, beaucoup de chapelles, trente-deux maisons religieuses d'hommes et dix-huit de femmes. Lisbonne est défendu du côté de la mer, en venant de Cascaës, par deux forteresses, dont l'artillerie se croise et domine absolument la barre, l'une appelée la tour de Saint-Jean et l'autre la tour de Bogio; entre ces deux forts est la barre de Lisbonne, divisée en deux par un banc de pierre, nommé Os Cachopos, qui commence à une portée de carabine du fort Saint-Jean ou Saint-Julien, et qui court plus d'une demi-lieue au sud-sud-ouest....

« Lisbonne contient à présent 38,000 maisons et 240,000 habitans. Les rues sont remplies d'immondices, et comme elles sont toutes en descentes et montées, et fort mal pa-

surprenante pour réparer les dommages que ce double fléau venoit de produire: son génie fécond créa et trouva des res-

---

vées, on ne s'y sert que de calèches à deux mules : il n'y a qu'un beau terrain sur le bord de la mer, qui forme une plaine d'une demi-lieue de long sur environ mille pas de large, où étoit autrefois le palais du roi :... ce quartier se nomme le *Recio*. Le comte d'Oyeras y a fait bâtir de fort beaux édifices, des maisons uniformes et des rues tirées au cordeau et bien pavées : il sera embelli d'un quai sur le port, d'un arsenal et d'une douane. Le port de Lisbonne est un des plus beaux de l'Europe : il a deux lieues de canal à l'abri de tous les vents. On y entre avec la plus grande facilité, de quelque grandeur et en quelque quantité que soient les vaisseaux....

« La ville de Lisbonne est une des plus grandes et des plus riches capitales de l'Europe.... Les maisons sont fort malpropres: les cousins, les punaises et les insectes de toute espèce en rendent le séjour insupportable, et la legereté des toits et des murailles ne met point les habitans à l'abri de la rigueur de l'hiver et des vents du nord ... Les rues sont remplies d'immondices, sans aucunes lumières que celles de quelques madones, peu sûres la nuit et infestées par tous les chiens qui couchent dehors, et qui passent les nuits à aboyer. On compte à Lisbonne seul plus de 80,000 chiens dans les rues. Vers les huit heures du soir en hiver, tous les bourgeois et le peuple se tiennent sur le seuil de leurs portes, à réciter le rosaire en espèce de plein-chant ; ce vacarme dure une heure, passé lequel tems les rues sont inondées de voleurs, de pots de chambre, de chiens et de gens de justice. »

*Etat présent du royaume de Portugal.*

sources dans le sein même de la calamité.

Ce ministre entreprit de reconstruire Lisbonne ; il voulut en faire une ville remarquable par la régularité de ses édifices, par la beauté de ses rues, par la multiplicité de ses places. Il mit tout de suite la main à l'œuvre ; il appela des architectes, il favorisa les ouvriers ; il facilita aux particuliers les moyens de pourvoir aux dépenses nécessaires.

De nouveaux édifices s'élevèrent bientôt ; des places nouvelles furent tracées ; de nouvelles rues furent percées : Lisbonne commença à prendre une forme différente ; elle devint une ville nouvelle.

Les plans du marquis de Pombal ont été suivis jusqu'à ce jour. Dans l'espace de quarante ans, cette reconstruction est presque terminée. On a percé beaucoup de nouvelles rues ; on a élargi les anciennes ; on a abaissé des terrains trop exhaussés ; on a élevé ceux qui étoient trop bas ; on a adouci les montées trop rudes et les descentes trop rapides ; on a rebâti presque toutes les maisons renversées ou incendiées; on en a construit de nouvelles dans des parties où il n'en existoit point.

Les détails suivans présenteront un tableau de l'état ancien et de l'état actuel de cette ville.

## RUES.

La partie qui reste de l'ancien Lisbonne, celle qui résista aux secousses du tremblement de terre de 1755, fait à peu près la moitié de cette ville ; elle présente une image triste, désagréable, repoussante. On n'y trouve aucune place ; les rues en sont étroites, resserrées, tortueuses, obscures; les maisons, bâties inégalement, forment des avancemens et des enfoncemens fréquens : ce sont de vrais coupegorges. L'air y est resserré, sans développement, mal sain.

Tels sont le quartier qui avoisine Saint-Vincent-de-Fora, de-là tirant d'un côté vers la Rivera-Velha, et de l'autre vers le Recio, celui qui s'étend depuis la Rivera-Velha jusqu'au-dehors de Lisbonne vers la Croix-de-pierre, le quartier du Salitre, le quartier de San-Bento, celui de Jésus, la partie renfermée entre ces deux quartiers et celui de la Patriarchal Queimada, les rues voisines de la Esperanza, la rue de Saint-Joseph jusqu'à Saint-Sebastien de la Pedreira, et les rues voisines, le quartier des Anges, de Barrio-Alto, etc.

La partie nouvellement construite est belle; les rues en sont larges, régulières, coupées par des traverses multipliées.

Les premières qui furent construites après le tremblement de terre, sont mal alignées, quelquefois inégales, légèrement tortueuses, quoique larges et longues : telles sont celles de San-Paolo, de Boa-Vista, des Paolistas, etc.

Les autres sont presque toutes bien alignées, larges, égales. On peut regarder comme de belles rues, celles de l'Arsenal, d'Alecrim, das Flores, de San-Roque, des Martirs, de San-Francisco, du Chiado, la Calçada da Estrela, le Rato. On en trouve plusieurs également belles à la Lapa et à Bonsaires, sur une éminence, à l'extrémité occidentale de Lisbonne, presque hors de cette ville ; mais la plupart n'y sont encore qu'à demi-bâties et peu habitées.

Ces rues sont dépréciées par l'inégalité du sol sur lequel Lisbonne est située : elles forment presque toutes des montées plus ou moins rudes, et des descentes plus ou moins rapides. La partie qui court le long de la rivière, et le quartier qui s'étend depuis le Terreiro do Paço jusqu'au Recio, sont les seules parties qui soient unies ; la première forme, pour ainsi dire, une seule rue, qui, en changeant souvent de nom, et diversement tortueuse, s'étend dans toute la longueur de Lisbonne par un espace de deux lieues.

Beaucoup de ces rues nouvelles ne sont point encore entièrement construites ; la plupart ont des emplacemens vides, quelquefois assez considérables ; il y en a même qui ne sont encore bâties que d'un côté. Elles sont toutes pavées en cailloux inégaux, placés et enfoncés inégalement ; de sorte qu'il s'y forme aisément des creux, et que le pavé en est rude, désagréable et fatiguant.

Le quartier situé entre les deux places du Terreiro do Paço et du Recio, est de la plus grande beauté.

Trois grandes rues parallèles, fort larges, bien alignées, garnies des deux côtés de larges trottoirs de pierre de taille, se prolongent dans une longueur d'environ huit cent pas, et font la communication des deux places : elles sont couvertes de maisons bien bâties et d'une apparence agréable. L'une est occupée par les orfèvres en argent, l'autre par les orfèvres en or, et elles en portent les noms. Celle du milieu, appelée *rue Auguste*, est habitée par les marchands de draperies et de soieries. Deux autres rues parallèles, moins larges, mais également alignées et garnies de trottoirs, se prolongent dans la partie de l'est dans la même direction, l'une en suivant toute la longueur des rues précédentes, l'autre se terminant à un tiers de cette longueur ; la première, qui n'est encore bâtie qu'aux deux tiers, est celle *dos Franqueiros*; elle est occupée par les marchands de toileries. La dernière est celle de la *Madelaine*. Quatre autres rues, parallèles aux cinq précédentes, doivent courir entre elles en les séparant, dans la même longueur et dans la même direction; à peine commence-t-on à les bâtir : elles seront moins larges, mais également alignées. Ces neuf rues parallèles sont coupées et traversées par huit rues transversales, parallèles les unes aux autres, alignées, larges et garnies de trottoirs.

Ce quartier est superbe ; mais on lui trouve un air de monotonie et de tristesse, dont on recherche vainement la cause. Peut-être paroîtroit-il plus agréable, s'il étoit orné de beaux palais, de beaux hôtels, de beaux édifices publics : ce seroit-là leur place. On voit avec peine le plus beau quartier de Lisbonne livré à des marchands, dont les boutiques, basses, sombres, sans ornemens, sans décorations, n'ont ni la beauté, ni le brillant, ni l'étalage qu'elles présentent dans la plupart des grandes villes.

## PLACES.

L'ancien Lisbonne n'a point de places; mais on les a multipliées dans la partie nouvellement construite : quelques-unes sont assez belles.

Trois places sont destinées à l'approvisionnement de Lisbonne, celle de la *Rivera-Velha*, où l'on vend la volaille et le gibier, celle de la *Rivera-Nova*, destinée principalement à la vente du poisson, et celle de la *Figueira*, où l'on vend les fruits et les herbages. La première est plutôt une rue qu'une place. La seconde, située au bord du Tage, est grande et couverte de petites baraques : elle est toujours sale et puante. La dernière forme un carré immense, fermé par une suite de petites boutiques égales, uniformes et régulières; elle est entourée de maisons élevées et bien bâties, dont elle est séparée par quatre rues assez larges, assez belles et bien alignées.

La place de *Quintella* est d'une grandeur moyenne, carrée, régulière, agréable, ornée de belles maisons; elle a été construite par un particulier, autrefois très-pauvre, devenu très-riche dans l'espace de dix ans; il a voulu donner un développement à la façade de sa maison.

La place du *Polerim* est grande, carrée, régulière; elle a sur une face l'arsenal de la marine, sur une autre la façade de l'hôtel de-ville, et sur les deux autres une suite de maisons uniformes, assez bien bâties; elle est ornée, dans le milieu, d'une colonne isolée, surmontée d'une sphère, et destinée à mettre les criminels au pilori; mais toutes les portes des maisons qui couvrent cette place sont des cabarets, des tavernes, des boutiques où l'on fait frire des sardines; ce qui, joint au voisinage de l'arsenal, attire sur cette place une foule de populace, qui en rend l'accès et l'ensemble désagréables.

La place de *Saint-Paul*, ou *Largo de San-Paolo*, est située devant l'église de ce nom; elle forme un carré long, qui s'ouvre dans six rues. Elle est grande, bien découverte, entourée de maisons uniformes. Elle seroit belle, si elle n'étoit pas absolument encombrée de terre et de pierres, au point de ne laisser qu'un passage sur chacune de ses quatre faces, et de former des montagnes qui s'élèvent à la hauteur des fenêtres des premiers étages des maisons. Ces décombres y sont depuis dix ans : ils y resteront encore long-tems ; ils appartiennent à l'intendant de police Manique ; ce sont les débris des ruines qu'il a fait enlever pour faire construire les belles maisons qu'il y possède ; c'est à ses frais qu'il devroit faire déblayer la place ; il ne se presse, et il ne se pressera point. Il pourroit cependant le faire à bon marché ; il n'auroit qu'à commander ; on n'oseroit le presser pour le paiement : il a la réputation de ne jamais payer ce qu'il fait faire, et aucun ouvrier ne se hasarde à lui demander le paiement de son salaire.

La *Place du Carme*, située devant le couvent des grands-carmes, est d'une grandeur moyenne, mais carrée, régulière, belle, bien bâtie, ornée, dans son milieu, d'une fontaine qui s'élève au-dessus d'une grande coupe de marbre. Cette place est rencoignée dans un quartier peu fréquenté ; il faut aller la chercher pour la trouver. On n'y voit que des porteurs d'eau.

La place du *Recio* forme un carré long d'une étendue considérable ; elle est régulière, bien découverte, belle, et s'ouvre dans dix rues. Une de ses faces est remplie par le palais de l'inquisition, qui est construit à neuf dans le goût moderne ; elle est entourée, sur les autres trois faces, de maisons très-élevées, d'une architecture ordinaire, mais dont l'uniformité produit un coup-d'œil agréable. Des palais, des beaux hôtels l'orneroient singulièrement, tandis qu'on n'y voit que des boutiques de petits marchands. C'est sur cette place qu'on fait manœuvrer les troupes de la garnison ; elle est le lieu du rendez-vous des plaideurs, des procureurs et des suppôts subalternes des tribunaux.

La place du *Terreiro do Paço*, ou *Terrain du Palais*, est ainsi appelée, parce qu'elle occupe l'emplacement d'une partie de l'ancien palais des rois.

C'est une place carrée, d'une étendue immense, qui s'ouvre au sud sur le Tage ;

ses autres trois faces sont entourées de galeries ou portiques, larges, assez exhaussés, bien proportionnés, assez beaux, sur lesquels s'élèvent des édifices uniformes, mais d'une architecture mesquine : il en sera parlé en traitant des édifices publics.

L'emsemble de cette place se présente au premier coup-d'œil d'une manière agréable et imposante ; mais la mesquinerie et le mauvais goût de ses édifices frappent bientôt les yeux et détruisent l'illusion. Ces édifices ne sont point même terminés; la moitié de la face du nord n'a encore que les arcs de ses portiques, et celle de l'ouest n'est bâtie qu'aux deux tiers; les travaux sont suspendus ; vraisemblablement on tardera long-tems à les reprendre. La partie de cette place, qui s'étend le long du Tage, est encombrée par des pierres de taille et des poutres entassées les unes sur les autres.

La statue équestre du roi Joseph Ier. s'élève au milieu de cette place ; elle est exécutée en bronze, et portée sur un grand piédestal de marbre blanc, orné de trophées et de figures. Le piédestal est très-massif; ses ornemens sont lourds, sans goût, sans grace, sans agrément. La statue et le cheval sont d'une exécution médiocre, sans grace et sans majesté; cependant cet ouvrage fait honneur à l'artiste; celui-ci l'a exécuté sans être sorti de son pays, sans avoir jamais eu de maître, sans avoir jamais vu de modèle, uniquement par un effort heureux de son génie, dirigé par une application bien entendue des préceptes qu'il avoit puisés dans les livres de l'art (1).

## MAISONS PARTICULIÈRES.

La partie de l'ancien Lisbonne, qui a résisté au tremblement de terre de 1755, est très-mal bâtie; les maisons en sont anciennes, irrégulières, sans aucune apparence extérieure, percées par des fenêtres

---

(1) Cet homme de mérite a voulu aller perfectionner ses talens auprès de quelques grands maîtres, à Paris et à Londres; le gouvernement lui a défendu de sortir de Portugal. c'est ainsi qu'on y protège, qu'on y encourage les arts, qu'on y travaille à les perfectionner.

extrêmement petites ; la plupart sont sans vitrages ; elles sont garnies de jalousies, de ces volets croisés à jour, que la passion, dont ils portent le nom, avoit inventés, derrière lesquels les femmes voyoient les passans sans en être apperçues ; ils donnent aux maisons l'apparence d'autant de couvens de religieuses. L'intérieur en est sombre, obscur, mal distribué, sans aucune espèce de commodité. Beaucoup de ces anciennes maisons sont de vraies baraques obscures, serrées, à peine habitables.

La partie nouvellement construite présente un ensemble assez agréable ; les maisons en paroissent riantes ; elles sont élevées de quatre et de cinq étages, séparés ordinairement par des cordons de pierres de taille, avec de longues suites de grandes fenêtres, dont la plupart ont des encadremens des mêmes pierres ; celles des premiers étages et beaucoup de celles des seconds sont ornées de balcons.

On retrouve cependant presque par-tout le même plan, le même ordre, la même décoration, la même architecture ; lorsqu'on a vu une de ces maisons, on les a vue presque toutes ; les architectes se copient les uns les autres ; à peine y a-t-il à Lisbonne quarante maisons qu'on puisse distinguer. Il y en a peu qui aient des portes cochères; elles n'ont, pour la plupart, que des portes batardes. Quoiqu'agréables au premier coup-d'œil, elles deviennent monotones et fatiguantes par leur trop d'uniformité.

Il est surprenant qu'on ose donner une aussi grande élévation aux maisons dans une ville qui a été déja renversée trois fois de fond en comble par des tremblemens de terre, qui y est encore très-sujette, qui en éprouve tous les ans de plus ou moins forts.

Les Portugais ont adopté une manière de construction, qu'ils regardent comme propre à mettre leurs maisons à l'abri des secousses des tremblemens de terre; l'idée qu'ils ont de l'excellence de cette méthode, leur inspire une sécurité parfaite. Ils commencent par construire leurs maisons en charpente ; ils appuient ensuite la maçonnerie sur cette charpente. Ils prétendent que, si la maçonnerie s'écroule, la charpente résistera aux secousses, et que la maison ne sera point renversée. Mais la maçonnerie ne peut-elle point, en tombant, enfoncer quelque pièce de charpente et entraîner tout l'édifice avec elle? Ne doit-on point craindre encore qu'une charpente aussi élevée ne soit trop foible pour résister à des secousses violentes? C'est aux gens de l'art à décider cette question.

L'intérieur des maisons est généralement mal ordonné. Il n'y en a presque point qui aient des cours. Les entrées sont souvent obscures, les escaliers étroits, sombres et mal coupés. Les appartemens sont presque toujours mal distribués; c'est tout grandes pièces qui se suivent à la file, sans cabinets, sans petites pièces de dégagement, sans communications indépendantes les unes des autres. A peine trouve t-on quelque appartement qui n'ait quelque pièces sans jour. La plupart des cuisines sont obscures, sur tout vers la cheminée, par la mal-adresse des architectes, qui appuient toujours celles-ci sur le mur où ils ouvrent la fenêtres; il en résulte un faux jour,

jour, qui oblige souvent à faire la cuisine à la lumière. Il n'y a pas quarante maisons à Lisbonne qui aient des cheminées dans l'intérieur des appartemens; en revanche, les fenêtres y sont très-multipliées.

L'intérieur des appartemens n'est ni pavé, ni carrelé, ni parqueté; il est grossièrement plancheyé. On lave ces planchers toutes les semaines; on les couvre ensuite de sable pour les sécher. On n'épargne point l'eau dans cette opération; on la répand à grands flots; un petit tuyau, placé au bas de chaque fenêtre, au niveau du plancher, sert à la faire écouler au dehors; malheur à celui qui passe alors dans la rue; il en reçoit une partie. Cet usage peut être bien contraire à la santé en hiver; il répand, il entretient beaucoup d'humidité dans les appartemens, dans un pays où l'on ne fait jamais de feu, dans une saison où il y pleut presque toujours.

Tous les grands ont des palais. On croiroit, d'après cela, trouver à Lisbonne, beaucoup de ces édifices, imposans par leur masse, frappans par la regularité de leur architecture, agreables par la variété de leurs ornemens, où l'architecture et la sculpture se sont disputés à l'envi la gloire d'embellir la demeure du seigneur qui l'habite; on y cherche des colonnes, des pilastres, des frises, des architraves, des corniches, des péristyles, des portiques, des vases, des urnes, des statues, des marbres; mais on les cherche vainement. Les édifices, qu'on décore du nom de palais, sont des maisons très-ordinaires, d'une apparence fort médiocre, construites sans régularité, sans élégance, sans ornemens, à peine dignes d'être habitées par un particulier médiocrement riche. Les armoiries des propriétaires sont la seule chose qui les distingue, le seul ornement qu'on y apperçoive.

## ÉDIFICES PUBLICS.

On ne voit à Lisbonne aucun édifice vaste et majestueux, imposant par sa masse, remarquable par son étendue, recommandable par son architecture, frappant par sa magnificence, saillant par ses décorations. On n'y voit aucun temple, aucun palais, aucun théâtre, aucun monument, digne de fixer un instant l'attention des amateurs des beaux arts.

L'*Hôtel de la Monnoie* est à peine une maison particulière très-ordinaire; l'*Arsenal de la Marine* est un grand édifice sans aucun ornement; la *Fonderie* est également un grand édifice, qui a une petite façade, peu proportionnée à son étendue, avec quelques ornemens de mauvais goût; le *Collège des Nobles* est ridicule par une saillie, qu'on a poussé dans la rue pour y pratiquer un escalier; l'*Hôtel-de-Ville* et le *Palais de l'Inquisition* paroissent plutôt des belles maisons de particuliers, que des édifices publics.

Les édifices qui couvrent la place du Terreiro do Paço présentent un ensemble agréable; ils s'élèvent autour de la place sur des portiques spacieux, assez bien disposés; ils se terminent de chaque côté; vers le Tage, par un pavillon: un de ces pavillons n'est point terminé; l'autre sert de bourse pour les négocians: les bâtimens voisins renferment la douane; les autres sont destinés aux séances de divers tribunaux. Tous ces édifices sont uniformes, réguliers ; mais ils sont sans ornemens ; leur architecture est mesquine ; on les a rendu ridicules en les couvrant d'une peinture jaune, qui, dégradée plus ou moins par la pluie, présente des nuances variées d'un très-mauvais effet. Ces édifices ne sont point terminés ; les travaux en sont suspendus depuis long tems.

On a commencé, depuis quelques années, à construire sur la partie la plus élevée de Lisbonne, un édifice d'une étendue immense, destiné à renfermer le trésor royal. Il est en pierre de taille ; les murs en sont d'une épaisseur énorme ; il n'est encore élevé que de deux ou trois pieds au-dessus des fondemens ; on en a abandonné les travaux. Cet édifice coutera des sommes immenses, si on le termine jamais. Il est difficile de concevoir pourquoi on lui donne une étendue aussi considérable : il seroit trop vaste pour contenir les trésors de tous les souverains de l'Europe.

Les églises sont presque toutes rebâties à neuf ; mais ce sont encore des édifices ordinaires, dont l'architecture n'a rien de saillant, dont les façades sont simples et peu décorées : elles se ressemblent toutes ; c'est par-tout le même goût, le même genre, la même architecture.

La reine actuelle a fait construire un couvent pour des religieuses carmélites, dont on vante beaucoup l'église à Lisbonne ; on l'a surchargée en effet d'ornemens de différens genres ; on les a également multipliés sur la façade ; mais ils sont lourds, massifs, sans goût. L'édifice présente une masse énorme, pour laquelle l'architecte n'a suivi que son caprice, sans s'assujettir à aucune des règles de l'architure ; cependant cet ouvrage a coûté plusieurs millions.

Le seul édifice public qui mérite d'être vu, est hors de Lisbonne ; c'est un superbe aqueduc, destiné à porter l'eau dans cette ville ; il a été construit sous le roi Jean V. Il fait honneur au règne de ce prince et aux architectes qui en dirigèrent la construction ; il réunit la magnificence et la beauté à la hardiesse et à la solidité de l'exécution.

# FONTAINES.

Lisbonne a beaucoup de fontaines, distribuées dans différens quartiers. Elles donnent une eau excellente, qu'elles reçoivent d'un grand et beau bassin, situé dans la partie la plus élevée de la ville, dans lequel elle est conduite par l'aqueduc dont il vient d'être parlé, et d'où elle se distribue dans les différens quartiers.

On a voulu faire de ces fontaines des objets de décoration; on les a élevées, les unes sur des grandes coupes de marbre, les autres sur des terrasses entourées de balustrades; on les a ornées de pyramides, de colonnes, de pilastres, de statues, de vases, d'urnes, de divers autres objets de sculpture; mais l'exécution en est mesquine, sans goût, sans délicatesse, sans élégance; elles ne font point honneur aux artistes qui les ont exécutées.

## PROMENADES.

Lisbonne pourroit avoir une superbe promenade. Un quai, prolongé sur le bord du fleuve par un espace de deux lieues, presque toujours en ligne directe, planté d'arbres, garni de bancs, offriroit un beau coup-d'œil et formeroit une promenade agréable. Le marquis de Pombal en avoit conçu le projet; mais son plan n'a point été suivi. Il n'y a rien, au contraire, de plus désagréable, de plus affreux, que les bords du Tage : des édifices très ordinaires, inégalement construits, formant des saillies et des enfoncemens, les couvrent presqu'en entier dans toute la longueur de la ville.

On a reconstruit Lisbonne, et on a négligé de l'orner de promenades. On en a construit une seule, dans un lieu écarté, dans une situation désagréable ; elle est comme enterrée sous la masse élevée d'une montagne, à laquelle elle est presque adossée, qui la couvre, qui y intercepte la libre circulation de l'air. Elle est assez bien distribuée, assez variée; elle seroit même assez agréable, si elle étoit vaste et bien développée; mais elle est très-petite; à peine suffiroit-elle à une population de trois ou quatre mille ames; trois cents promeneurs la rempliroient presque entièrement. On l'a même bornée, de tous les côtés, par une muraille assez élevée, dont on l'a entourée. Ce seroit un joli jardin pour un particulier; mais c'est une promenade ridicule pour une grande population; elle devient même inutile pendant les soirées chaudes de l'été; on ne peut y entrer: on la ferme, dans cette saison, à huit heures du soir.

Il faut convenir que les promenades seroient inutiles à Lisbonne. Les Portugais ne sont point promeneurs; les femmes le sont encore moins: peut-être cette privation dérive-t-elle de l'ancienne jalousie des maris, de l'ancien usage de retenir les femmes prisonnières, de les dérober aux yeux du public. Leur exemple est contagieux pour les étrangers qui sont établis à Lisbonne; ils ne se promènent pas plus que les Portugais. On ne trouve presque jamais trente personnes à la fois dans la seule promenade dont cette ville soit ornée : peut-être le goût s'en introduiroit-il si on avoit des promenades vastes et bien aërées.

Pendant les soirées de l'été, on se porte assez volontiers sur la place du Terreiro do Paço, pour y respirer un air frais, qu'on ne trouve point dans l'intérieur des maisons ; mais il n'y a jamais un concours considérable, et cette promenade est désagréable ; elle est très-poudreuse : on ne peut y rester sans être couvert de poussière ; elle est même obstruée par une quantité prodigieuse de pierres de taille et de poutres, qui en encombrent la partie la plus voisine du fleuve.

## CLIMAT.

Le climat de Lisbonne est très-variable ; mais il est ordinairement réglé et constant dans ses variations.

La situation de cette ville y contribue beaucoup : elle est placée sur sept montagnes, du sommet desquelles elle descend, par des pentes plus ou moins rapides, jusqu'aux bords du Tage. Ces montagnes sont plus ou moins rapprochées; elles ne sont séparées, presque toutes, que par des espaces resserrés qui s'ouvrent au nord, qui descendent par une direction droite vers le sud, et qui mériteroient plutôt le nom de gorges que celui des vallons, s'ils n'étoient point couverts de maisons. Elles forment une espèce d'enceinte, qui entoure Lisbonne sur trois faces, à l'est, au nord et à l'ouest; elles présentent, surtout au nord, un rideau élevé, qui abrite la ville; mais le vent, qui vient de ce côté, s'insinue avec violence par les coupures qui les séparent. Le Tage termine cette enceinte dans la partie méridionale par une direction presque droite, qui s'étend dans toute la longueur de Lisbonne dans un espace de deux lieues. Ces montagnes paroissent former un arc, dont ce fleuve seroit la corde.

Les hivers y sont très-pluvieux, par conséquent très-humides. Les pluies commencent ordinairement dans le mois de novembre; elles continuent le plus souvent jusqu'à la fin de février; elles durent quelquefois presque sans interruption, ou avec des interruptions très-courtes; le ciel reste alors presque toujours nébuleux. Quelquefois ces interruptions sont de douze ou quinze jours, et se renouvellent souvent : le ciel se nettoie alors, il devient clair, pur, serein, et se soutient dans cet état pendant presque toute l'interruption. Il règne très-fréquemment, dans cette saison, des vents de sud-ouest plus ou moins forts, qui amènent toujours la pluie.

Les pluies sont toujours fortes et abondantes à Lisbonne; l'eau tombe avec une violence extraordinaire et dans une quantité prodigieuse; elle pénètre quelquefois assez avant dans la terre pour détruire les voûtes qui couvrent les canaux souterrains. Les rues de la partie haute, qui sont en pente, et qui font le plus grand nombre, deviennent des torrens qui se vident avec impétuosité dans la partie basse; celle-ci, qui a peu d'écoulement, est bientôt inondée, et souvent engorgée par les décombres, les ordures, la terre, la boue, que l'eau a entraîné des parties supérieures; elle devient impraticable : l'eau entre dans les maisons, dans les boutiques; elle pénètre à travers les murailles qui sont adossées à la montagne; elle suinte dans l'intérieur des appartemens.

Les hivers y sont rarement froids. Quelquefois cependant la pluie cesse, et le froid se fait sentir jusqu'à produire de légères gêlées. L'humidité y est plus désagréable que le froid : elle se concentre dans les appartemens; elle pénètre les corps; son impression est d'autant plus sensible qu'on ne se chauffe jamais, qu'on n'a jamais de feu, qu'on n'a que la ressource de tenir les pieds sur des tapis de jonc et de se couvrir d'un manteau ou d'une redingote.

Les printems y sont ordinairement venteux; les vents y soufflent fréquemment dans les mois de mars et d'avril; ils amènent la pluie, lorsqu'ils tournent au sud ou à l'ouest.

Si les hivers sont humides à Lisbonne, la fin du printems, l'été et le commencement de l'automne y sont d'une sécheresse extrême : il n'y pleut jamais depuis le mois de mai jusqu'au mois d'octobre ; le ciel y est alors beau, pur, serein, absolument sans nuages.

Les chaleurs commencent à s'y faire sentir dès la fin du mois d'avril ; elles deviennent très-violentes, et se soutiennent jusqu'au commencement du mois de septembre ; elles diminuent alors, et le tems devient tempéré ; mais l'été est la saison la plus sujette à des variations de l'atmosphère, et celle où ces variations observent une marche régulière et constante.

Le vent du nord y souffle presque toujours pendant cette saison ; son impression est beaucoup tempérée dans le milieu du jour par l'ardeur du soleil ; elle devient très-sensible dès le moment que cet astre approche de la fin de sa course. On éprouve, dans le milieu du jour, des chaleurs brûlantes, presque insoutenables ; on passe tout à coup, vers les cinq ou six heures de l'après-midi, à un changement marqué du chaud au froid, ou au moins au très-frais. Après avoir sué dans le jour, on frissonne presque aux approches de la nuit.

On éprouve même souvent ces variations dans le milieu du jour, dans la même rue, dans la même position, dans le même instant, en changeant seulement de place, quoiqu'à des distances très-rapprochées. Si l'on suit les rues dont la direction est de l'est à l'ouest, on ressent une chaleur extrême; mais lorsqu'on passe devant celles qui se dirigent du nord au sud et qui s'ouvrent dans ces dernières, on est saisi tout à coup par l'action subite et violente d'une colonne d'air froid, de vent du nord, qui descend par cette même rue : on se sent presque frissonner; il faut passer vîte; il faut franchir l'ouverture de ce passage dangereux. Les personnes prudentes et prévenues évitent le danger en passant du côté opposé à l'embouchure de ces rues; la colonne d'air y est plus développée; son action est moins forte, par conséquent moins dangereuse.

L'air est très-vif à Lisbonne; mais il ne l'est point également dans toute l'étendue de cette ville. Sa vivacité varie dans les différens quartiers ; on en éprouve souvent une impression plus ou moins marquée en passant d'un quartier à un autre. L'air est infiniment moins vif dans la partie basse; il l'est beaucoup plus dans les parties élevées, il le devient plus sensiblement à mesure qu'on monte davantage. Il y a cependant des parties basses où il l'est beaucoup : ce sont celles qui sont exposées au vent du nord, comme la place du Recio, la Junqueira, comme encore toutes les embouchures des rues collatérales qui s'ouvrent au nord. Il y a également des parties élevées, qui sont abritées du vent du nord, où l'impression de l'air est moins sensible. Le quartier de Bonsayres, celui de la Patriarchal-Queimada, sont ceux où l'air est le plus vif ; ils sont à la fois les plus élevés et les plus découverts.

Lisbonne est très-sujet aux tremblemens de terre ; il y en a tous les ans ; ils y sont plus ou moins forts ; il y en a quelquefois de violens ; celui de 1793 fut de ce nombre ; celui de 1794 fut très-léger. Ils se font sentir ordinairement dans le mois de novembre. On a fait une observation singulière et intéressante : lorsque le mois d'octobre et le commencement du mois de novembre sont secs, le tremblement de terre est certain et presque toujours violent ; lorsque les pluies commencent de bonne heure, lorsqu'elles sont considérables, il n'y en a point, ou il est très-léger.

Le climat de Lisbonne est très-dangereux pour la santé. L'humidité excessive et constante de l'hiver, la manière dont elle pénètre et se conserve dans l'intérieur des maisons, doivent nécessairement relâcher les fibres. Cet effet se fait sentir principalement sur les fibres des poumons : aussi cette saison y est-elle très-fertile en affections catarrhales pituiteuses ; de là viennent encore les obstructions lymphatiques, les engorgemens pituiteux des viscères, la disposition aux affections scorbutiques, qui y sont très-communs. Le passage subit du chaud au froid, qu'on y éprouve tous les jours en été, y produit des maladies inflammatoires, des rhumes violens et opiniâtres, et une foule d'autres affections, qui sont l'effet de la suppression

pression de la transpiration. L'été y est plus dangereux que l'hiver : les fortes chaleurs engagent à diminuer de précautions, tandis qu'on demeure toujours bien couvert dans cette dernière saison. Les habits d'été légers, de tafetas, d'étoffes de soie, y seroient déplacés : on y porte le drap pendant toute l'année.

## DOMESTIQUES.

Il n'y a point de pays où il y ait autant de domestiques des deux sexes qu'à Lisbonne, et où cependant on soit aussi mal servi.

Les maisons des *fidalgos* ou des grands en regorgent ; il y en a dont les domestiques peupleroient un petit village.

On y compte les secrétaires, les *mayordomos* ou maîtres-d'hôtel, les *guardasropa* ou valets-de-chambre, les cuisiniers, les garçons-de-cuisine, les prêtres affidés, les *bolheros* ou cochers, ou mieux encore postillons, les palefreniers, les *moços-aguaderos*, qui vont chercher l'eau et font les gros ouvrages, les *moços-damesa*, qui servent à table et font le service de l'intérieur des appartemens, les *moços* qui montent derrière les voitures, et n'entrent jamais dans les appartemens, les *escudeiros* ou écuyers, espèces d'anciens domestiques qui courent toujours à cheval, l'épée à côté, devant les voitures de leurs maîtres.

Viennent ensuite les servantes. Ce sont des *criadas-moças*, qui font les gros ouvrages, les ouvrages pénibles et désagréables, et des *criadas-graves*, dont les unes sont femmes-de-chambre, les autres cousent, repassent, ou font les ouvrages délicats de leurs maîtresses : celles-ci ne mangent, ni avec les domestiques, ni avec les autres servantes ; elles ont leur table particulière ; elles ont même des servantes pour les servir.

Il n'y a rien de plus insolent que ces criadas-graves ; elles affectent un air d'importance, un ton de fierté qui révoltent. Elles veulent singer les femmes qu'elles servent ; elles n'en prennent que les travers, sans en imiter l'aisance ni les qualités morales : leur insuffisance et une gaucherie ridicule percent à travers les airs qu'elles se donnent. Leurs maîtresses sont mille fois plus honnêtes.

Ce luxe de domestiques est passé jusqu'à la bourgeoisie : les simples particuliers en ont également un nombre excessif; ils observent les mêmes distinctions.

Tout Portugais, bon négociant, bon bourgeois, magistrat, en supposant sa famille composée du mari, de la femme et de deux enfans, a au moins un cuisinier, un bolhero ou cocher, un palefrenier, un moço-aguadero, deux moços pour la voiture, deux moços-damesa, deux ou trois criadas-graves et deux criadas-moças.

Les maisons étrangères en ont beaucoup moins; mais elles sont forcées à en prendre au-delà de ce qui leur seroit nécessaire dans les autres pays. Les domestiques portugais ne font qu'une seule chose; celui qui sert son maître à table ne monteroit point derrière la voiture; celui qui a ce dernier emploi n'entre point dans les appartemens et n'y fait aucun service : la femme-de-chambre ne fait autre chose qu'habiller ou déshabiller sa maîtresse;

la servante qui 'cout ou repasse ne veut faire aucun autre ouvrage. Il résulte qu'il faut six domestiques à une famille qui seroit très-bien servie ailleurs avec trois.

Que fait donc cette armée de domestiques? N'est-ce point multiplier le nombre des oisifs, des paresseux, des fainéans? N'est-ce point augmenter inutilement la masse des dépenses, et sur-tout la masse de la corruption? Les campagnes se dépeuplent, l'agriculture languit, la corruption se propage dans toutes les parties de l'état, et cela encore dans un pays qui est naturellement dépeuplé, dans un pays où l'on compte à peine deux millions d'individus, dans un pays où la terre fertile n'appelle que des bras pour la mettre en valeur, et où cependant la moitié des terres reste sans culture.

Les domestiques portugais sont, en général, mal propres, peu intelligens, peu instruits, peu attentifs; ils connoissent peu le service; ils le font mal; ils ne font et ils ne veulent faire qu'une chose : ils sont, malgré cela, remplis d'orgueil et de présomption; les servantes en ont encore plus que les domestiques mâles. Celles-ci sont très-gênées dans les maisons portugaises; elles ne sortent presque jamais de la maison; les jours de fête, elles vont à la messe, très-souvent à la suite de leurs maîtresses: elles ne sortent pas même les jours de fête pour aller à l'église, dans les maisons qui ont un oratoire; à peine leur accorde-t-on la permission de sortir une fois dans trois mois. Elles ont beaucoup plus de liberté dans les maisons étrangères.

Les domestiques mâles et femelles sont très-mal tenus, encore plus mal nourris, dans les maisons portugaises.

On ne donne aux laquais et aux criadas-moças que des paillasses piquées, par conséquent fort dures, pour se coucher; les criadas-graves ont un matelas: les uns et les autres couchent à terre dans beaucoup de maisons, sans bois de lit. Cela leur est souvent commun avec leurs maîtresses; il n'y a quelquefois qu'un seul lit pour le mari et la femme; leurs filles, leurs sœurs couchent à terre, même dans la bonne bourgeoisie.

Dans un très-grand nombre de maisons

portugaises, particulièrement dans celles des grands, les domestiques sont à la ration : elle consiste tous les jours en trente raisons (trois sous neuf deniers), environ une livre de pain, une demi-livre de viande et un quarteron de riz. Dans les maisons où ils ne sont point à la ration, on les nourrit avec du riz, de la morue, des sardines et des feuilles de navets : celles-ci, légèrement assaisonnées avec peu d'huile et beaucoup de vinaigre, font ordinairement leur souper : on leur donne rarement de la viande. Ils sont mieux nourris dans les maisons étrangères, où ils mangent la desserte de leurs maîtres.

Si les domestiques sont mal nourris à Lisbonne, ils sont mieux payés ; ils le sont même beaucoup trop en proportion de leurs talens et de leur bonne volonté : le tableau suivant présentera un apperçu des gages qu'on leur donne dans les maisons étrangères ; ils sont moindres dans les maisons portugaises, sur-tout chez les grands.

|  | EN MONNOIE de Portugal, par mois. | EN MONNOIE tournois, par mois. | |
|---|---|---|---|
| Moço-aguadero .......... | 1,600 raisons. | 10 liv. | sous. |
| Moço, qui monte derrière la voiture............. | 2,400 | 15 | |
| Moço-damesa .......... | 3,200 | 20 | |
| Cuisinier bourgeois ...... | 4,800 | 30 | |
| Bolhero............... | 3,600 | 22 | 10 |
|  | 4,800 | 30 | |
| Criada-moça........... | 1,200 | 7 | 10 |
|  | 1,600 | 10 | |
| Criada-grave........... | 1,600 | 10 | |
|  | 2,400 | 15 | |
|  | 3,200 | 20 | |
|  | 4,800 | 30 | |

Outre ces gages, il est encore d'usage de leur donner des étrennes aux trois grandes fêtes, à Pâques, à la Pentecôte et à Noël; elles sont proportionnées à la générosité des maîtres; c'est ce qu'on appelle *donner les amandes*. Cet usage en entraîne un autre: les domestiques des personnes en place, des magistrats, des officiers supérieurs de la douane, même ceux des misérables *ministres de barrio*, espèce de petits commissaires de police, mettent le public à contribution à ces mêmes époques; ils exigent les amandes de tous ceux qui veulent voir leurs maîtres; ils ferment durement la porte à ceux qui ne les leur donnent point.

## AUBERGES.

Un étranger arrive à Lisbonne, il débarque; vingt *gallegos* se présentent; ils se disputent à qui portera son équipage; ils l'enlèvent; ils parcourent à grands pas les rues, les carrefours, les places; ils grimpent, ils montent, ils descendent; ils vont toujours sans s'embarrasser si l'étranger les suit. Ils entrent dans une auberge de leur choix, dans celle où on les gratifie le mieux. L'étranger les suit en forçant sa marche; il arrive tout essoufflé; il se trouve casé, gîté, sans savoir où, sans avoir pu demander où il va, sans avoir pu dire où il veut aller.

Souvent son cœur se soulève au premier

coup-d'œil de son nouveau logement. Des murailles enfumées, une table graisseuse, des chaises qui s'affaissent sous le poids de son corps, un lit, un grabat, encore plus repoussant; sont les premiers objets qui fixent son attention. S'il sort de sa tannière; une cuisine sale, des vaisseaux mal propres, une batterie mal tenue, quatre casserolles sur le feu, un cuisinier dégoûtant se trouvent sur ses pas. Vient l'heure du repas : une serviette qui a servi depuis huit jours, une fourchette de fer enduite de graisse et de rouille, des plats éraillés, des assiettes écornées, une soupe d'eau, un ragoût qui a l'odeur de la fumée, une sausse dont le sel fait tout l'assaisonnement, un rôti dur, sec, brûlé, couvrent une table aussi mal propre, que le lieu où elle est posée.

L'étranger ne sait où il est; il ne sait comment en sortir; il ne sait où aller; il ne connoît personne; il ne connoît ni les rues, ni les autres auberges; il est forcé à rester où il se trouve, jusqu'à ce que, mieux orienté, il puisse parvenir à se caser ailleurs.

Lisbonne a beaucoup d'auberges, et il n'y en a pas une qui soit bonne : dans les unes, on donne à manger à table d'hôte, à un prix fixe; dans les autres on mange ce qu'on veut, et on paie ce qu'on mange.

Celles de la première classe sont de différentes espèces et de différens prix.

Il y en a deux, les seules qui soient médiocrement bonnes, celle de la *Piémontoise*, et celle de la *Calçada da estrella*; On y paie 6 testons, ou 3 livres 15 sous tournois par repas : on y est passablement, mais pas assez bien en proportion du prix qu'on paie. On y est logé un peu plus proprement que par-tout ailleurs; le prix du logement varie selon l'appartement qu'on occupe; le plus bas prix est de 2 testons, ou 25 sous tournois par jour.

Il y en a quatre ou cinq où l'on paie 4 testons ou 50 sous tournois par repas, et 2 testons, ou 25 sous tournois par jour pour le logement. On y a suffisamment de quoi manger ; mais ce sont des mets grossiers, très-ordinaires, rarement bien assaisonnés. Les appartemens y sont un peu supportables. Ces auberges sont fréquentés principalement par des capitaines de navires.

Il y en a plusieurs où l'on paie 3 testons ou 37 sous 6 deniers par repas, et tantôt 6 tantôt 8 vintems, c'est-à-dire, 15 et 20 sous tournois par jour pour le logement. On y est servi très-mal et très-salement; on s'y trouve ordinairement en mauvaise compagnie; les appartemens y sont vilains, presque sans meubles, et toujours sales.

Celles de la seconde classe sont très-multipliées; on y trouve à choisir sur cinq ou six espèces de plats, dont chacun a son prix. On demande ce qu'on veut, et on paie en proportion de ce qu'on demande. 25 sous tournois peuvent suffire pour satisfaire modestement un appétit ordinaire; mais on n'y trouve jamais rien de fin, rien de délicat; les ragoûts y sont détestables: le sel et l'eau en font le principal assaisonnement. Tout y est mal-propre, sale, dégoûtant; il faut être bien pauvre, ou bien avare, et avoir bien faim, pour se résoudre à y aller. On loge dans quelques-unes de ces auberges à raison d'un teston, ou

12 sous 6 deniers par jour; mais les chambres sont noires, nues, sales, repoussantes; une chaise, une mauvaise table, un lit en font tout l'ameublement; eh! quel lit! c'est un grabat, aussi sale, aussi crasseux, aussi dégoûtant que la chambre et la cuisine. Celles-ci sont tenues presque toutes par des Portuguais.

Les auberges portuguaises sont les plus mauvaises; celles qui sont tenues par des étrangers valent mieux.

Il est difficile de se loger en chambre garnie à Lisbonne; il y en a très-peu: on n'en trouveroit point quarante dans cette ville, malgré l'affluence d'étrangers que la cour et le commerce y attirent. Elles sont presque toutes à peine meublées; les les lits en sont mauvais, les meubles anciens, vieux, peu commodes. Celles qui sont tenues par des Portuguais, sont inhabitables par la malpropreté qui y règne; celles qu'on trouve chez des Anglois et des François, sont mieux tenues et plus propres: un perruquier françois en a fait arranger trois ou quatre, qui sont très-jolies. Leur prix ordinaire est de 6400 raisons ou 40 livres tournois par mois; il y en a quelques-unes d'une monnoie d'or, ou 30 livres; mais il est difficile de les habiter.

## ÉTRANGERS.

Le commerce attire à Lisbonne des étrangers de plusieurs nations, qui y établissent leur résidence. Il y a des Anglois, des François, des Flamands, des Liégeois, des Brabançons, des Suisses, des Hollandois, des Allemands et des Italiens (1).

Les Anglois sont le plus nombreux et ceux qui y font le plus de commerce. L'ascendant que l'Angleterre a pris depuis longtems sur le Portugal, et l'état d'assujetissement où elle tient ce petit royaume, ont facilité aux Anglois les moyens de s'emparer des branches les plus importantes du

---

(1) Les étrangers ne font point le commerce des colonies portugaises, qui est le plus important et le plus lucratif; ils en sont exclus expressément; ce commerce est réservé aux seuls Portuguais. Ils le font cependant quelquefois secrètement sous le nom de quelque Portuguais, qui leur prête ou leur vend son nom.

commerce (1). Il n'y a point cependant de ces maisons qui étonnent par l'immensité de leur fortune ; on n'en compte que quatre qui soient un peu opulentes, et dix ou douze qui soient aisées ; les autres se soutiennent foiblement en mettant beaucoup d'ordre dans leurs affaires.

La factorerie angloise comprend les Anglois, les Ecossois et les Irlandois. Les Ecossois sont en petit nombre ; ils se réunissent assez volontiers avec les Anglois.

---

(1) Les marchandises angloises sont presque les seules dont l'entrée soit permise ; la plupart de celles des autres nations sont défendues, à l'exception de quelques articles, comme les droguets de laine, le gaudron, quelques bijouteries, quelques soieries de France, les quincailleries de France et d'Allemagne, les toileries de Silesie et de Hollande, les fromages de Hollande, les suifs de Russie, etc. Il en a même quelques-unes d'Angleterre qui sont prohibées, comme les bas de soie blancs, les broderies, les bijouteries, les boutons d'acier ; mais, malgré toutes les prohibitions, elles entrent toutes en Portugal. La contrebande s'y fait presque ouvertement ; il n'arrive aucun paquebot anglois, aucun bâtiment anglois, françois, italien, qui n'en soit chargé. C'est même souvent sur ces objets que roule le principal bénéfice de beaucoup de négocians, de beaucoup de seigneurs de la cour, et de presque tous ceux qui sont employés dans le palais du prince.

Les Irlandois forment comme une classe séparée, que les Anglois traitent avec dédain. La même distinction s'apperçoit dans les affaires : les Anglois recueillent ; les Irlandois glanent : les premiers s'emparent des objets les plus importans ; ils ne laissent aux Irlandois que les affaires de peu de conséquence.

Cette factorerie entretient un hôpital pour les Anglois, qui est dirigé par un chirurgien de la même nation.

Les François sont en plus petit nombre ; ils font le commerce avec la France, un peu avec l'Italie et l'Allemagne, très-peu avec l'Angleterre. Quatre maisons passent pour avoir 5 ou 600,000 livres tournois de fortune ; elles font, l'une le commerce des draperies et lainages ; une autre celui des rubans ; les deux autres la quincaillerie : les autres maisons françoises se soutiennent modestement ; leur commerce et leur fortune sont bornés ; elles se trouvent aujourd'hui presque anéanties par la révolution de la France. Le commerce de la librairie est absolument entre les mains de François ; il est assez lucratif, et il y a quelques bonnes maisons de libraires, qui sont tous Dauphinois.

Les Flamands, les Brabançons, les Liégeois et les Suisses sont réunis à la factorerie françoise.

Cette factorerie a une église, sous l'invocation de Saint-Louis, roi de France, desservie par un chapelain; on y administre les sacremens aux François, et la factorerie fait tous les frais du culte divin. Elle entretient, dans les bâtimens contigus, un hôpital pour les malades de sa nation, dirigé par un chirurgien françois qui y est à demeure.

Les Hollandois sont en très-petit nombre. Une maison de cette nation avoit acquis une fortune immense, qui, à la mort de son chef, s'est trouvée comme éteinte, et n'a laissé aux enfans qu'une apparence peu fructueuse.

Les Allemands sont également en petit nombre; ils sont tous Hambourgeois, et se réunissent ordinairement aux Hollandois.

Les Italiens sont assez nombreux, tous Génois ou Milanois. Ils font beaucoup d'affaires,

faires, principalement avec l'Italie. Ils aident à leurs succès par une économie qui va jusqu'à la parcimonie. Sans y avoir de maison italienne qui soit bien opulente, il y en a plusieurs qui jouissent d'une grande aisance.

La factorerie italienne a une belle église, qu'elle vient de faire construire à neuf, sous le titre de Notre-Dame de Lorette; elle lui sert de paroisse : le service divin s'y fait avec pompe. C'est une église des plus courues par les petits maîtres et les petites maîtresses de Lisbonne.

Chacune de ces nations vit seule; il est rare qu'elles se fréquentent mutuellement. Les Anglois, portant toujours cette morgue qui entretient chez eux l'idée d'une supériorité sur les autres nations, ont une sécheresse, un ton, des manières qui les rendent peu sociables. Les François, qui ont aussi leur orgueil national, se mettent à leur niveau; ils se repoussent mutuellement. Les Anglois repoussent également les Irlandois; ceux-ci vivent entre eux; ils sont cependant assez disposés à se glisser parmi les autres nations; ils en saisissent les occasions lorsqu'elles se présentent.

Les Italiens sont encore moins communicatifs, ils vivent seuls; ils se voient même très-peu entre eux : leurs familles restent presque isolées; elles ne se rapprochent que dans les occasions importantes ou d'étiquette.

Il est du caractère des François de porter par-tout avec eux les mœurs de leur pays; ceux de Lisbonne conservent le caractère de leur nation, le goût de la société, des plaisirs, du luxe, de la table; ce qui fait un contraste avec la simplicité angloise et la parcimonie italienne; ils sont les plus communicatifs de tous les étrangers établis à Lisbonne, et leurs sociétés sont les plus agréables.

Les négocians ne sont point les seuls individus de ces nations qui habitent Lisbonne. Il y a, dans cette ville, un nombre considérable d'artistes et d'artisans étrangers; il y a plus de François que de toutes les autres nations ensemble; tous les parfumeurs, la plupart des horlogers, beaucoup de perruquiers, plusieurs peintres, doreurs, orfèvres, metteurs en œuvre sont François; on en trouve encore parmi les relieurs, les serruriers, les menuisiers et les autres artisans.

## VOITURES.

On distingue trois espèces de voitures à Lisbonne, les carosses, les chaises pour la ville et les chaises de voyage.

Il y a très-peu de carosses; les plus beaux appartiennent au corps diplomatique et à des négocians; ceux de la cour, ceux de quelques grands seigneurs sont très-anciens, mal coupés, lourds, pesans, sans ornemens, ou avec des ornemens gôthiques.

Les voitures les plus ordinaires sont des chaises à deux places, portées sur un brancard, traînées par deux chevaux ou deux mules, et conduites par un postillon, appelé *bolhero*; elles s'ouvrent et l'on y entre par devant; elles se ferment au moyen de deux rideaux de cuir.

Ces chaises sont très-désagreables. On y est à l'étroit, et comme enterré; en été, si on ferme les rideaux de cuir, on étouffe : si on les ouvre, on est brûlé par le soleil et couvert de poussière; en hiver, avec quelque soin qu'on les ferme, on y est exposé au froid, au vent, à la pluie. On n'a point d'autres voitures; on n'en trouve pas d'autres chez les grands, chez les particuliers, chez ceux qui font le métier d'en louer.

Le prix ordinaire des chaises de louage est de 4 croisades neuves par jour et une croisade neuve pour le *bolhero*; ce qui fait 15 livres tournois. On en augmente le prix à volonté selon les circonstances; on le porte quelquefois à 18, à 20, à 24 livres. On paie la moitié de ce prix pour la demi-journée.

On ne trouve point de chaises à louer par course, ni par heure; il faut les prendre au moins pour la demi-journée; mais il y a un inconvénient qui devient dispendieux; si on les prend le matin, à quelque heure que ce soit, et qu'on passe l'heure de midi, qui est l'instant des affaires et des visites pour les hommes, on doit payer la journée entière.

Les voitures de voyage sont les mêmes chaises, mais plus mal tenues, plus mal en ordre, vieilles, usées, plus cahotantes, dans lesquelles on fait, avec beaucoup de peine, une lieue en deux heures.

## THÉATRES.

Lisbonne a deux théâtres : on joue, sur l'un des comédies portugaises ; l'autre est destiné à l'opéra italien. La salle du premier est resserrée, étranglée, décorée sans goût ; celle du dernier est mieux développée : elle est construite depuis peu de tems aux frais d'une compagnie. La comédie portugaise est détestable ; l'opéra italien est assez bien composé (1).

---

(1) « Les acteurs sont mauvais, mais bien habillés ; les danses et la musique sont excellentes, et forment de bons intermèdes qui répandent un peu d'agrément dans les deux théâtres de la ville de Lisbonne, où on donne de fort bons opéra italiens, outre celui du roi, qui est le mieux composé de l'Europe..... Les acteurs ne savent pas déclamer ; leur ton est chantant et pourtant monotone. — Ce sont des *castrati* qui chantent au théâtre du roi et au théâtre national. En général, on cultive beaucoup et avec grand suc-

Les portugais, singuliers en tout, se singularisent encore sur leurs théâtres de la capitale ; ils n'y admettent point de femmes ; des hommes en remplissent les rôles ; ce sont des *castrati* à l'opéra, des hommes barbus à la comédie et dans les ballets. Il est ridicule d'entendre une voix mâle et rude sortir du corps d'une jeune bergère, d'une princesse, d'une petite maîtresse ; il est également ridicule de voir des jeunes bergères, des jeunes paysannes, des nymphes, exécuter un ballet avec une barbe, qui répugne aux yeux des spectateurs ; le rouge, qui couvre leur visage, fait encore plus ressortir le noir de la barbe : ce mélange leur donne un air de furie qui constraste étrangement avec les personnages qu'ils représentent.

---

cès la musique en Portugal. On a d'excellens compositeurs, une bonne méthode et de très belles voix. Les *modinhas* charment non-seulement les nationaux, mais aussi les étrangers.

« Le peuple danse la *fofa*, ou *chula*, dont les mouvemens sont lubriques. Elle est par conséquent indécente ; aussi aucune honnête femme ne se permet de la voir danser ».

*Etat présent du royaume de Portugal.*

Les femmes qui n'ont point de voiture, fréquentent peu les spectacles ; ce plaisir devient trop dispendieux ; outre les frais de leur toilette, les frais d'entrée, elles doivent faire encore ceux du loyer d'une voiture pour une demi-journée : aucune d'elles n'oseroit s'y présenter à pied.

## SOCIÉTÉS.

On se rassemble peu à Lisbonne, et les sociétés y présentent les nuances propres aux nations qui les composent.

Les Portugais se voient peu entre eux, moins encore avec les étrangers ; ils se réunissent rarement, et leurs sociétés sont fort tristes ; il est difficile à un étranger de s'y faire recevoir; il lui est plus difficile encore de résister long-tems à l'ennui qu'il y éprouve. On y est fort sérieux, très-réservé ; les conversations y sont monotones, sèches, languissantes ; elles roulent toujours sur des sujets peu intéressans ; elles traînent long-tems sur le même objet. J'ai été présent à une longue et très-longue discussion de cinq quarts d'heure, entre quatre dames et un homme, sur les différentes manières d'accommoder le riz.

Les sociétés angloises sont également rares, également sérieuses; on y parle peu, et les étrangers des autres nations y entrent rarement; elles ont toujours très-peu d'hommes : les femmes y sont froides, taciturnes; elles ont une gaieté contrainte.

Les sociétés irlandoises, au contraire, sont nombreuses, toujours bruyantes; on y parle beaucoup et long-tems; les principales conversations des femmes roulent sur des pratiques religieuses et sur les moines, pour lesquelles elles ont une dévotion singulière.

Les sociétés italiennes se réunissent encore moins que les sociétés angloises et portuguaises; elles s'occupent plus de l'intérêt que du plaisir.

Les sociétés françoises sont les plus fréquentes, les plus nombreuses, les plus agréables. Elles étoient autrefois très-brillantes; on se réunissoit tous les jours de la semaine : chaque maison avoit son jour; on y donnoit des repas, des concerts, des bals; mais la révolution de la France y a apporté des changemens. Ces sociétés sont devenues moins fréquentes et moins nombreuses; les plaisirs y sont aujourd'hui moins variés, moins multipliés, plus tranquilles et plus monotones.

Ces différentes nations se réunissent très-peu entre elles : les sociétés italiennes sont nulles ; les portuguaises et les angloises ne reçoivent presque jamais les individus qui ne sont point de leur nation ; les sociétés françoises ne sont également composées que de François ; ce sont cependant celles où l'on reçoit plus volontiers les personnes qui sont étrangères, et où l'on trouve le plus d'Angloises et sur-tout de Portuguaises ; celles-ci vont plus volontiers chez les autres, qu'elles ne reçoivent chez elles.

Les Italiens et les Portuguais ne donnent jamais à manger à qui que ce soit ; les Anglois invitent et traitent sans cérémonie ; les François donnent souvent, toujours avec apparat et avec recherche.

Les Anglois ont porté l'usage du thé en Portugal : les Portuguais et les autres nations, établies à Lisbonne, l'ont adopté. Cette boisson est devenue d'un usage général dans cette ville ; on la sert toutes les nuits, dans toutes les maisons, aux personnes qui s'y trouvent : si l'on veut engager quelqu'un à passer la soirée, on l'invite à prendre le thé.

Lisbonne avoit autrefois deux maisons d'assemblée formées par les étrangers ; les Portugais en étoient exclus : les abonnés s'y réunissoient tous les soirs ; on y conversoit ; on y jouoit aux cartes, au billard ; on y trouvoit les papiers publics des différentes parties de l'Europe ; on y distribuoit tous les jours des rafraîchissemens à ceux qui en demandoient, de l'orgeat, de la limonade, du punch, du café, du thé ; on y donnoit à danser une fois toutes les semaines pendant l'hiver aux dames des abonnés et à celles du corps diplomatique ; on donnoit encore trois fêtes tous les ans, bal paré, souper, rafraîchissemens pendant toute la nuit ; on invitoit à ces fêtes les dames des abonnés, beaucoup de dames de la cour, celles du corps diplomatique, et celles des consuls des différentes puissances : les étrangers étoient admis gratis dans ces maisons d'assemblée pendant les trois premiers mois de leur séjour à Lisbonne.

Les Anglois et les Irlandois tenoient l'une de ces maisons; les François étoient à la tête de l'autre : les Suisses, les Brabançons, les Flamands, les Liégeois; les Allemands et les Hollandois s'étoient joints à ces derniers. Celle-ci étoit la plus brillante : celle des Anglois avoit de la peine à se soutenir.

Quelques discussions et la révolution de France ont opéré la dissolution de l'assemblée françoise ; quelques-uns des autres étrangers qui en faisoient partie se sont réunis à l'angloise. Celle-ci s'est relevée et s'est soutenue, pendant deux ans, sur le même ton ; mais elle a été forcée, en 1795, à diminuer ses fêtes et ses dépenses ; elle a retranché une grande partie des rafraichissemens ; elle a supprimé les trois grandes fêtes : les étrangers qui arrivent à Lisbonne n'y sont plus admis que pendant un mois. Elle est aujourd'hui peu fréquentée, à peine y trouve-t-on quinze ou seize personnes tous les soirs ; ce sont toujours les mêmes individus, et ordinairement des personnes qui n'y vont que pour jouer : les directeurs en sont très-honnêtes ; ils accueillent très-bien les étrangers qui s'y présentent ; ils les accablent de politesses et de prévenances.

## MOEURS, USAGES.

Le Portugal est arriéré de plus d'un siècle eu égard aux autres nations de l'Europe ; il conserve encore une grande partie de ses anciennes mœurs, de ses anciens usages.

Les mœurs y paroissent douces et elles y sont agrestes ; les esprits y paroissent tranquilles, modérés, et les passions y sont violentes : le Portuguais paroît prévenant, et ses prévenances ne sont que des mots ; il est prodigue de caresses envers les étrangers, et il les éloigne de sa maison et de ses sociétés ; il est prévenu en sa faveur, en faveur de son pays, en faveur de ses usages ; il les élève au-dessus de tout ; il veut afficher la modestie, et l'orgueil éclate dans tous ses discours, dans tous ses gestes, dans toutes ses actions.

On retrouve encore à Lisbonne les traces de l'ancienne contrainte, de l'ancienne servitude, dans laquelle on y tenoit les femmes. On y retrouve ces jalousies, ces instrumens de la méfiance et de l'inutile précaution des maris, sous lesquelles on les déroboit aux yeux des passans. On y trouve les restes de ces duegnes mercenaires, auxquelles on en confioit la garde, qui accompagnoient toujours leurs pas, qui étoient censées veiller sans cesse sur leurs actions. On y trouve les vestiges de ces tems où les femmes, privées de la liberté, vivoient dans une solitude continuelle, où, renfermées sans cesse dans leurs maisons, il ne leur étoit permis de sortir de leurs prisons que rarement et dans des occasions extraordinaires.

Une Portugaise qui sort à pied ne sort jamais seule; elle se fait suivre par des servantes couvertes de grands manteaux de bayete, qui marchent derrière elle comme des laquais; celles qui n'en ont point en loüent lorsqu'elles doivent sortir, sur-tout les jours de fête pour aller à la messe; ce sont ordinairement des Négresses et des Mulâtresses qui font ce métier : leur prix courant est d'un demi-teston ou 6 sous 3 deniers tournois chaque fois. C'est un objet de luxe que d'en avoir beaucoup. Il est assez plaisant de voir une femme marcher dans les rues gravement, à pas comptés, suivie de quatre servantes, rangées deux à deux, qui observent ses pas, qui imitent sa démarche, qui singent sa gravité.

Les Portugaises se font très-peu voir en public ; elles sortent très-peu de leurs maisons ; il y en a qui ne sortent point quatre fois dans un an ; il y en a qui ne sortent qu'une fois tous les ans pour aller remplir le devoir paschal à leur paroisse ; il y en a qui s'acquittent de ce devoir dans leurs maisons, et qui ne sortent jamais. C'est par une suite de cette contrainte qu'on leur impose, ou qu'elles s'imposent elles-mêmes, que la plupart des maisons ont un oratoire ou petite chapelle, où, par un usage abusif, on fait dire la messe tous les jours de fête. C'est encore par une suite de cette contrainte qu'elles ne paroissent jamais à la promenade, que, dans quelque tems, à quelque heure qu'on y aille, on n'y trouve jamais aucune femme, à moins qu'elle ne soit étrangère.

Elles se font même très-peu voir dans leurs maisons; souvent elles se cachent s'il survient un homme. Je connois un médecin françois, qui, pendant vingt jours de soins qu'il a donnés à un Portuguais de la très-bonne bourgeoisie, attaqué d'une maladie fort grave, n'a jamais pu parvenir à voir la femme de son malade ; elle se cachoit lorsqu'il entroit ; il n'a jamais trouvé qu'une servante.

Si les Portuguaises se montrent peu dans les rues, elles se font beaucoup voir à leurs fenêtres; elles y passent les trois quarts de la journée à voir les passans et à se faire voir; elles y sont les bras croisés, la tête nue quelque froid qu'il fasse, et en hiver le manteau de bayete sur les épaules.

Dans l'intérieur de leurs maisons, elles se livrent à la plus grande oisiveté; elles sont accoutumées à ne rien faire ; elles ne prennent jamais une aiguille, jamais un livre ; elles partagent la journée entre la fenêtre et un siège, sur lequel elles demeurent nonchalamment assises, sur lequel elles reposent tristement leur indolence et leur ennui.

Autrefois elle ne s'asseyoient jamais sur des sièges; elles s'accroupissoient à terre sur des nattes de jonc, les jambes croisées ou renversées en arrière sous les fesses. Il est des femmes à Lisbonne qui ont été si accoutumées à cette manière de s'asseoir, qu'elles ne sauroient se tenir sur une chaise. Cet usage n'est pas entièrement détruit: les femmes du peuple, les servantes le conservent; ils n'est pas même rare encore aujourd'hui de voir des dames de la première naissance, accroupies sur une natte au milieu de leur appartement, entourées de leurs servantes dans la même posture.

Le genre de vie des étrangères est absolument différent. Elles sortent seules ou suivies par des laquais; elles reçoivent volontiers compagnie chez elles, ou elles vont la chercher ailleurs. Les Angloises sortent peu; les Italiennes encore moins; les Irlandoises courent toujours, il est impossible de les retenir dans leurs maisons,

sons, leur plaisir est de se donner du mouvement, d'aller toute la journée de rue en rue, de maison en maison; elles ont même un usage assez singulier, celui d'abandonner leurs ménages pour aller passer quelques jours les unes chez les autres: les Françoises trouvent du tems pour veiller aux affaires de leurs ménages et pour se procurer quelques instans de dissipation.

Les Portuguais aiment beaucoup les processions; les jours où il y en a sont pour eux des jours de fête; ce sont pour eux des parties de plaisir; ils quittent tout; ils accourent.

Ces jours sont principalement de grands jours pour les femmes; elles y trouvent l'occasion de sortir, de se présenter en public, de se faire voir : elles ne la laissent point échapper; elles veulent s'y présenter avec tous leurs charmes; elles veulent y développer tout ce que la toilette la plus étudiée a de plus recherché; elles s'occupent de leurs ajustemens plusieurs jours avant. Le jour de la procession, toutes les voitures sont louées; les femmes, parées

F

de tous leurs ajustemens, se rendent dans les lieux où elle doit passer; elles remplissent les fenêtres et les balcons; elles s'y donnent en spectacle dès trois ou quatre heures auparavant: les rues sont remplies de monde; les hommes passent et repassent; ils vont et viennent; ils regardent, ils lorgnent, ils saluent, ils font des signes d'intelligence: les femmes, très-aises d'être remarquées, y répondent avec empressement.

Ces cérémonies donnent lieu à des invitations de la part des propriétaires ou locataires des maisons devant lesquelles la procession doit passer; elles donnent lieu à la réunion de sociétés brillantes et nombreuses. Lorsque la procession est passée, on sert le thé à toute la compagnie; souvent on danse ensuite, et le bal se prolonge bien avant dans la nuit, même pendant le carême. Les femmes ne se rendent dans ces assemblées, qu'autant qu'elles y sont invitées; les seules *fidalgas*, c'est-à-dire, les femmes des grands, qui ne doutent de rien, s'invitent elles-mêmes; elles vont sans cérémonie se mettre en possession de fenêtres et de places qui étoient destinées à d'autres.

Les plaisirs ne sont ni variés, ni multipliés à Lisbonne. On s'y réunit peu en société; on s'y réunit encore moins à la promenade, où les Portugaises ne paroissent jamais, où les étrangères vont rarement, où les hommes vont très-peu. Les bals n'y sont pas bien fréquens.

Le carnaval y est fort triste; ce tems, marqué ordinairement par des plaisirs plus ou moins variés, plus ou moins saillans, est ici le plus monotone de l'année; les familles ne s'y réunissent point; les sociétés n'y sont ni plus nombreuses, ni plus gaies qu'à l'ordinaire : on n'y entend parler ni de festins, ni d'assemblées, ni de musique, ni de bals : le seul plaisir qu'on s'y permet consiste à arroser les passans, ou à être arrosé par ceux qui sont aux fenêtres.

Les huit derniers jours du carnaval, surtout les trois derniers jours gras, les femmes de tous les états, principalement les dames, se tiennent aux fenêtres; elles jettent sur les passans des paquets de talc en poudre, qui se colle sur le visage et sur les habits, d'où il est difficile de le détacher. Armées de vessies de gomme élastique, de seringues, de bouteilles, de pots, de cruches, de casserolles, de chauderons, elles jettent de l'eau, souvent à grands flots, sur ceux qui passent dans la rue; les hommes s'y mêlent quelquefois. On est heureux lorsqu'on n'est qu'inondé : on reçoit souvent sur la tête, l'eau et les pots qui la contiennent. On a vu une *fidalga*, une dame de la cour, lancer l'eau avec une grosse pompe, dont la colonne étoit assez forte pour renverser un homme.

Les Portugais, accoutumés à cette galanterie, se contentent de prendre, ces jours-là, de vieux habits ou des redingotes, et de se mettre à l'abri sous de larges parepluies. Les étrangers, moins endurans, répondent quelquefois par des pierres; il y a tous les ans des vitres cassées, des disputes, des querelles, des coups; quelquefois la scène s'ensanglante : on a vu souvent ces jeux occasionner des meurtres.

Des *rondas* ou patrouilles bourgeoises parcourent les rues ; mais elles ne sont point destinées à empêcher ce jeu ; elles sont chargées, au contraire, de le protéger, et de prévenir les insultes qu'on peut faire aux jeteurs d'eau ; elles ne sont pas elles-mêmes respectées ; elles ne finissent jamais leur tournée sans avoir été arrosées plusieurs fois.

Par un usage absolument contraire, on allume de grands feux dans toutes les rues de Lisbonne pendant les nuits de l'été; ces feux se multiplient sur-tout pendant les plus fortes chaleurs.

Ces deux usages opposés ont fait dire avec raison, qu'*à Lisbonne on se refraichit en hiver et on se chauffe en été*.

Si on ne danse point à Lisbonne en carnaval, on s'y dédommage en carême : ce tems, destiné par l'église aux privations, à l'abstinence, à la pénitence, est le tems que les Portuguais, ce peuple qui veut paroître le plus religieux de l'Europe, choisit pour danser. Les processions qu'on y fait alors toutes les semaines, sont le motif et l'occasion de bals assez multipliés.

Le Portuguais craindroit de manger de la viande, et il danse; il craindroit de manquer à une pratique extérieure de sa religion, et il se livre à la dissipation, à un plaisir bruyant et tumultueux proscrit par l'église, dans un tems consacré au recueillement, à la méditation des mystères de la passion, à la préparation nécessaire pour remplir dignement le plus saint des devoirs, le devoir paschal.

Les Portuguais paroissent vouloir se distinguer, par leurs usages, des autres nations; on vient d'en voir une preuve : en voici une autre.

Le climat de Lisbonne est assez froid en hiver; le froid y est poussé quelquefois au point de produire de légères gêlées. Ce climat est encore très-humide dans la même saison; il y pleut ordinairement pendant trois ou quatre mois, quelquefois pendant quinze ou vingt jours sans interruption; les pluies y sont toujours violentes; les rues sont remplies d'eau, de mares, de boues; l'humidité pénètre dans les maisons; elle s'y concentre; tout y est mouillé ou au moins humide. Cependant le Portuguais de Lisbonne ne se chauffe jamais; on ne trouvera point trente cheminées dans cette ville; on n'y trouvera ni une coupe, ni un brasier dans les appartemens. Les hommes et les femmes restent dans leurs maisons, enveloppés dans de larges manteaux d'étoffes de laine; ils gardent leurs manteaux dans les rues, au spectacle, dans les églises, dans les sociétés: on ne voit que manteaux par-tout. Ils ont le préjugé que le feu est dangereux; mais le froid, sur-tout l'humidité, sont-ils moins dangereux pour la santé ? Quelques étrangers se mettent au-dessus de cet usage; ils font plaquer, contre les murs, des petites cheminées de tole ou de fonte; ils y font du feu avec du charbon de terre.

Il est du mauvais ton pour les femmes au-dessus du commun de sortir à pied dans le jour, ne fût-ce que pour faire cent pas dans la rue; il leur faut toujours une voiture: celles qui n'en ont point, en prennent de louage. C'est un des motifs qui les tiennent renfermées dans leurs maisons; aussi vont-elles rarement en visite; lorsqu'elles en font, elles courent tout l'après-midi de maison en maison, et font douze ou quinze visites dans quatre ou cinq heures; elles veulent mettre à profit la voiture dont elles paient le loyer. Les étrangères ont secoué cet usage; elles sortent aussi bien à pied qu'en voiture.

On observe à Lisbonne, dans le costume, la différence de quelques états parmi les femmes.

Celles du peuple et celles des artisans portent sur la tête un mouchoir blanc, qui retombe en pointe par derrière, et qui se noue par devant sous le menton; elles ne sortent jamais sans être couvertes d'un large manteau de bayete (espèce de grosse étoffe de laine), qui descend presque jusqu'aux talons.

Celles d'une condition un peu plus relevée, même quelques femmes d'artisans remplacent le manteau par un grand et ample mantelet de tafetas noir, qui enveloppe tout le corps, et qui descend jusqu'à mi-jambe; elles portent indifféremment la tête nue, ou couverte d'un chapeau orné d'une plume noire.

Les dames d'un étage supérieur, celles des négocians, des avocats, des médecins, des nobles, s'habillent comme elles veulent ; elles portent toutes le costume françois.

En général, toutes les femmes sont bien chaussées à Lisbonne ; le luxe y est porté fort loin dans cette partie : on n'y voit que des souliers de soie, plus ou moins couverts de paillons et de broderies en or et en argent.

## QUINTAS.

Lisbonne est environnée de maisons de campagne à deux ou trois lieues à la ronde dans les parties du nord, de l'ouest et de l'est ; on les appelle *quintas*. Il y en a d'assez belles. Elles n'ont presque toutes qu'un jardin, plus ou moins grand, mais généralement assez bien tenu. Ces jardins manquent d'eau courante ; on y supplée par des puits à roue.

On distingue plusieurs belles quintas ; on cite sur-tout avec raison celle qui appartenoit au négociant anglois de Vismes,

François d'origine, du côté de Benfica (1), et celle qu'a fait construire à Laranjeiras le négociant portugais, le conseiller du roi, le très-opulent Quintella, un des hommes les plus riches et les plus fastueux du Portugal, après en avoir été le plus pauvre et peut-être le plus humble.

Le village de Cintrà, éloigné de sept ou huit lieues de Lisbonne, est embelli par de très-belles quintas. Des eaux vives, courantes et saillantes les rendent plus agréables. Une des plus belles, des mieux distribuées, des plus variées, des plus ornées, est celle qui a été construite à des frais énormes par le négociant de Vismes, et que ce Parisien *anglisé* vient de vendre à l'Anglois Becfort, dont le père fut autrefois lord-maire de Londres. La plus grande, la plus belle, la plus digne d'être vue, est celle de Gildemeester, de ce Hollandois opulent, dont la fortune éton-

––––––––––––––––

(1) Cette maison de campagne de M. de Vismes est surtout remarquable par la collection de plantes et arbres exotiques qu'il y avoit rassemblés, et qui, sous l'heureux climat de Lisbonne, viennent en plein air.

nante s'est trouvée presque dissipée à sa mort ; elle est possédée aujourd'hui par sa veuve, qui en permet difficilement l'entrée aux curieux.

Toutes ces quintas sont habitées pendant six mois tous les ans par leurs propriétaires ou par ceux qui en paient le loyer. Les habitans de Lisbonne ont un goût décidé, une passion pour la campagne ; ils s'y rendent dans le mois de mai, et y restent jusqu'au mois de novembre ; les femmes s'y tiennent sans désemparer ; les hommes vont et viennent à Lisbonne.

La plupart des quintas habitées par les étrangers deviennent, tous les dimanches, des lieux de rassemblement ; leurs connoissances, leurs amis, leurs parens vont les visiter tour à tour ; ils y dînent ; ils en repartent à onze heures du soir. Il n'y a plus alors aucune espèce de société à Lisbonne ; il faut aller la chercher à la campagne ; mais elle n'y est agréable que le dimanche ; les autres jours de la semaine, chaque famille demeure tristement dans son enclos.

Ces visites sont assez dispendieuses ; il

faut un cheval ou une chaise; le premier coute au moins six livres tournois, la dernière quinze livres pour une journée, la moitié pour une demi-journée. Il y a des occasions où ce prix double, comme lorsqu'il y a une fête à un hermitage ou à une chapelle, une procession de village, une foire, et cela arrive assez souvent.

## PROCESSIONS.

Les processions font un des objets les plus importans des plaisirs des Portuguais; ils en parlent avec enthousiasme; ils accourent en foule pour les voir : cependant elles ne sont rien moins que brillantes, quoiqu'elles soient très-multipliées.

On en fait huit en carême, une le mercredi des cendres, et ensuite une tous les vendredis; celle du mercredi des cendres est la plus courue, parce qu'elle est la première.

Elles sont composées d'hommes de tous les états, couverts de longues robes blanches, rouges, grises, violettes, bleues, avec des camails des mêmes couleurs, ayant à la main un bâton en forme de cierge, sur lequel ils s'appuient. On y porte sur des brancards les statues de différens saints diversement habillés, et des représentations de divers événemens de leur vie. Des chœurs de musique vocale et instrumentale y sont entremêlés de distance en distance. Elles sont terminées par des moines, qui paroissent s'occuper moins de l'acte de religion auquel ils président, que du plaisir de voir et de se faire voir; leurs yeux, attachés sur les fenêtres, parcourent avec une espèce d'avidité les femmes qui les remplissent.

Il n'y règne aucun ordre : on y chercheroit vainement la décence que nous devons supposer dans une cérémonie religieuse.

Elles se ressemblent toutes : lorsqu'on en a vu une on peut se dispenser de voir les autres.

Un capucin françois me demandoit un jour, en voyant passer une de ces processions : *Ceux qui voient la procession prient-ils?* — *Non*, répondis-je. — *Ni ceux qui la font*, me répliqua-t-il. Ce sont en effet des processions, des actes de religion sans prières.

La plus fameuse est celle *dos Passos*, qui sort de l'église des grands-augustins de Notre-Dame de Grace; elle se fait le second vendredi du carême. Elle est comme les autres, à la seule différence qu'elle n'a qu'un seul brancart, sur lequel on promène, sous un dais, une grande statue de Jésus portant sa croix. Cette statue passe pour miraculeuse; elle inspire beaucoup de dévotion aux Portuguais, qui lui attribuent plusieurs miracles.

Lorsqu'on voit passer cette procession, on entend, dans l'éloignement, des cris confus et soutenus, qui deviennent plus forts et plus sensibles à mesure que la procession s'avance; ils partent d'une foule innombrable du peuple qui suit la procession dans la plus grande confusion; il adresse ses prières à la statue qui les précède, les uns en chantant, les autres en criant. Cette confusion amuse un instant: elle fatigue ensuite. Il y a environ quatre ou cinq mille ames, dont la plus grande partie sont des Nègres, des Mulâtres, des

Négresses et des Mulâtresses. On est persuadé qu'en suivant cette procession pendant sept ans tout de suite, on est exempt de mourir en état de péché mortel.

Le jour de la fête de Saint-Antoine dit de Padoue, quoiqu'il soit né à Lisbonne, il se fait une procession en l'honneur de ce saint; elle sort du couvent des cordeliers. On y porte la statue du saint couverte d'un habit de franciscain : cet habit est de soie, et enrichi de galons, de dentelles, de broderies en or ; cela contraste singulièrement avec l'idée qu'on se fait de l'humilité, de la pauvreté, du dénuement absolu de toutes choses, que la règle de Saint-François exige de ceux qui la professent. Cette statue est encore couverte des diamans les plus riches, qu'on emprunte de tous côtés; les Portuguaises s'empressent à prêter, même à offrir les leurs : elles sont persuadées que les diamans qui ont le bonheur de toucher la statue du saint, acquièrent une vertu préservatice de beaucoup de maladies.

Il se fait, dans le printems, une procession qui sort de Notre-Dame de la

Atalaya. Elle est remarquable par le spectacle singulier de groupes nombreux de Nègres, de Mulâtres, de Négresses, de Mulâtresses, diversement et ridiculement déguisés, qui précèdent la procession en chantant et en dansant.

La procession la plus fameuse, la plus courue, est celle qui se fait le jour de la Fête-Dieu. Elle est très-nombreuse; deux heures suffisent à peine pour la voir passer.

Elle est précédée par douze chevaux, bien harnachés, qu'on mène en lesse; ils sont suivis d'une statue de Saint-George, armée de pied en cap, en casque, cuirasse, brassarts, cuissarts, la lance d'une main, le bouclier de l'autre; on la porte sur un cheval, qu'on conduit des deux côtés par la bride. Cette statue est couverte de diamans très-riches, qui appartiennent au duc de Cadaval; ce seigneur ne peut en disposer: ces diamans sont grévés d'une substitution qui impose l'obligation d'en orner la statue de Saint-George le jour de la Fête-Dieu.

Une quantité innombrable, et qui passe
pendant

pendant long-tems, de confrères du saint-sacrement de toutes les paroisses, ouvre la procession ; ils sont vêtus d'une robe de laine rouge, espèce de redingote sans manches qui descend jusqu'à mi-jambe ; ils défilent pendant long-tems, et on s'ennuie de voir toujours la même chose. Tous les corps religieux viennent ensuite : c'est encore très-long ; le clergé séculier de toutes les églises de Lisbonne les suit. Les chevaliers des trois ordres militaires du Portugal, revêtus de leurs manteaux, marchent à la suite du clergé, rangés deux à deux ; ils précèdent le saint-sacrement, qui est porté sous un dais, et qui est suivi du roi et d'une partie de sa cour.

Ce prince, sans gardes, sans aucune marque distinctive, revêtu, comme les autres, d'un manteau des ordres, est confondu et comme écrasé par la foule qui l'environne ; on le cherche vainement ; on ne le distinguera jamais, si on ne l'a jamais vu, et ceux qui le connoissent auront de la peine à le retrouver.

Cette procession se fait le matin ; elle parcourt la place du Recio et les deux plus belles rues de Lisbonne, la rue Auguste et celle des Orfèvres-d'or ; la place et les rues sont sablées ; les troupes sont sous les armes et bordent la haie. Tous les balcons, toutes les fenêtres, jusqu'au quatrième et au cinquième étages, sont décorés uniformément de tapis de damas cramoisi et de larges encadremens de la même étoffe, qui s'élèvent jusqu'au-dessus des croisées ; elles sont remplies de dames, mises avec autant de recherche que d'élégance. L'ensemble en forme un spectacle superbe ; le premier coup-d'œil en est imposant ; il devient ensuite agréable : on en parcourt les détails avec plaisir. C'est ce qu'on peut voir de plus beau à Lisbonne ; c'est peut-être la seule chose qui puisse y mériter l'attention d'un étranger.

Cette procession devient dispendieuse pour les locataires qui occupent les maisons des rues où elle passe : la décoration de chaque fenêtre leur coute 8 testons ou 5 livres tournois ; ils doivent donner, le matin, du thé, du café au lait, du chocolat, et ensuite à dîner, à tous ceux qui vont voir la procession chez eux.

## LA COUR.

On va à la cour; on y est; on la voit, et on la cherche. On n'y apperçoit qu'une foule d'individus, parmi lesquels on ne distingue ni les grands, ni les officiers du roi, ni les officiers de la couronne, ni le prince lui-même : tout y est pêle-mêle; tout y est confondu : le prince y est sans magnificence, sans représentation, sans majesté.

Les courtisans n'y étalent qu'un verbiage d'affectation, qui n'a ni suite, ni liaison, qu'un ton d'importance mal soutenu, qu'une nullité absolue de sentiment, d'opinion, de volonté, d'action, qu'une ambition oisive et impuissante, qu'un orgueil d'ostentation, qu'une bassesse personifiée, toujours en activité, toujours existante, se renouvellant diversement selon les circonstances; bassesse qui craint de dire la vérité, qui approuve tout ce que veut le prince, tout ce que veulent ses ministres, qui couronne le despotisme ministériel, qui encense les despotes subalternes.

On n'y apperçoit ni cette politesse aimable, ni ce ton aisé, ni ces manières prévenantes, ni ce langage élégant, facile, léger, ni ce maintien noble et dégagé, ni cette plaisanterie honnête et délicate qui distinguent plusieurs cours de l'Europe.

On n'y trouve ni la facilité de l'expression, ni le feu de la démonstration, ni la dignité de la représentation, ni même le vernis sous lequel se cachent ailleurs la flatterie et la corruption; tout y est à nu.

La garde du roi consiste en quelques dragons, pris au hasard dans les régimens qui sont à Lisbonne : elle garde les portes du palais; elle accompagne le prince lorsqu'il sort. Ces soldats, mal peignés, mal habillés, montés sur des chevaux inégaux, de différentes couleurs, maigres, décharnés, dont les harnois sont maintenus par des cordes, ne donnent point une idée brillante de la cour.

Les carosses sont des caisses immenses par leur volume, massives, pesantes, antiques, sans ornemens, d'une forme qui prouve leur vétusté; leurs peintures mattes et décharnées se ressentent des injures du tems; leurs balancemens, évidemment précipités, suivent visiblement les mouvemens cahotans des roues et des brancards : la plupart sont sans glaces; elles se ferment par des rideaux de cuir qui s'abattent et se relèvent à volonté.

Les valets, par leurs habits et leur tournure, répondent à la mesquinerie des carosses : les uns sont placés derrière les voitures; les autres les suivent à pied; les autres sont montés sur des mules : ils ont tous des figures ignobles, basses, une tournure commune; ils ne sont ni peignés, ni poudrés; la plupart sont en bas de laine; leur habit répond au reste de leur costume, il est d'un gros drap rouge qui montre bientôt la corde, et dont la couleur fausse se ternit en peu de tems.

Lorsque le roi sort en cérémonie il est précédé par vingt-quatre hallebardiers, vêtus de sa livrée, avec un baudrier sur l'épaule et une hallebarde à la main; ils ressemblent aux ci-devant Suisses des portes des grands seigneurs à Paris : ceux-ci sont les plus brillans de la cour. Ce sont des gens de métier, des artisans, des petits marchands qui ne servent que les jours de gala, qui ne reçoivent aucun salaire, qui ne prennent ces places que pour jouir de quelques privilèges qui y sont attachés; ils sont chargés eux-mêmes de leur vêtement, et ils se piquent d'être mis proprement.

Les Portugais ne servent leurs princes, ils ne leur parlent qu'à genoux; le peuple se prosterne lorsqu'ils passent. Personne n'entre dans leurs appartemens, dans leurs palais, pas même dans leurs jardins, sans en avoir obtenu la permission; personne n'est jamais admis à les voir manger.

Les plaisirs sont nuls dans cette cour. Le feu roi Joseph aimoit beaucoup la musique; il avoit formé un excellent opéra dans son palais; mais, à sa mort, la reine, sa fille, renvoya les musiciens; elle n'eut d'autres plaisirs que la fréquentation des prêtres et des moines, et les visites de couvens de religieuses.

Le prince du Brésil, fils de cette princesse, ne connoît d'autre délassement que la chasse; la princesse, son épouse, partage souvent ce plaisir avec lui. Ils sont, l'un et l'autre, presque toujours renfermés dans leurs appartemens; ils tiennent très-rarement leur cour; ils ne paroissent jamais au spectacle; ils ne se montrent en évidence que les jours de gala, déterminés par l'étiquette, où le corps diplomatique leur fait la révérence, et où toute la cour est admise à leur baiser les mains; on ne les voit en public que lorsqu'une cérémonie religieuse exige leur présence.

Tout est uniforme, compassé, monotone dans le palais; il n'y a jamais ni musique, ni bal, ni spectacle, ni fêtes.

Lorsque le roi, la reine, le prince, la princesse doivent entrer à Lisbonne, on l'annonce dès le matin en jouant de divers instrumens dans les rues de cette ville. On sonne de la trompette pour le roi ou la reine; on bat le tambour pour le prince du Brésil; on joue du fifre pour la princesse: lorsqu'ils doivent sortir tous, les trois instrumens se font entendre à la fois.

La cour a une multiplicité d'officiers attachés à son service, dont les appointemens sont assez médiocres; ils s'en dédommagent de beaucoup de manières : les grands seigneurs en faisant la contrebande dans leurs hôtels sous le nom de leurs gens, avec lesquels ils partagent les profits, les officiers de la bouche en vendant des rations et en gagnant sur le prix des comestibles, les officiers des écuries en diminuant les rations des mules et en louant des voitures à bon marché en paroissant les prêter.

Les officiers de la chambre ont moins d'occasions de gagner; leurs appointemens sont cependant bien médiocres; ils ne sont que de 460 livres tournois pour les valets-de-chambre, de 210 livres pour les garçons de la chambre, de 540 livres pour les médecins : ces derniers sont au nombre de quatorze; ils font le service chacun à son tour pendant une semaine; on les dédommage, après quelque tems, d'une manière assez singulière : on leur donne des emplois au sel, au tabac, à la douane; ils les afferment et en retirent un certain revenu.

Tous les officiers du roi favorisent la

contrebande en la recevant dans les appartemens qu'ils occupent au palais, où elle est à l'abri de la visite; leur complaisance est payée en espèces.

Un usage assez singulier règne à Lisbonne; il est peu digne de la majesté du souverain : on y loue les carosses du roi pour porter les morts à la sépulture. Ces voitures, aux armes du prince, traînées par six mules de ses écuries, conduites par ses cochers, escortées par des valets de pied couverts de sa livrée, paroissent aux enterremens; ils renferment les corps de ceux auxquels on va rendre les derniers devoirs. C'est ici un objet de vanité pour les particuliers; mais il leur en coute 80 livres tournois pour chaque voiture : c'est un prix fait.

## VOYAGES DE LA COUR.

Les voyages de la cour présentent un tableau singulier, pitoresque, incroyable, dont il est difficile de tracer une esquisse. C'est un mouvement général, un tumulte, un désordre, qu'il est impossible de rendre.

Les personnes attachées à la cour, celles qui sont attachées à ces dernières, se précipitent les unes sur les autres ; elles se mêlent, se confondent, se poussent, se pressent, crient à l'envi ; chacun veut être servi ; chacun veut se placer dans les voitures ; chacun veut placer ses paquets, ses malles, ses meubles sur les charrettes. Les maîtres appellent leurs gens ; les gens appellent les postillons et les charretiers ; ceux-ci jurent et ne se pressent point. Les domestiques, hommes et femmes, crient contre les voituriers ; chacun veut avoir la préférence ; ils se coudent, ils se repoussent, ils s'accablent d'injures ; souvent ils en viennent aux mains. C'est une confusion générale, parce que personne n'est chargé de diriger, de surveiller cette opération.

Le transport des meubles de la cour augmente la confusion ; ils sont confondus avec les effets des particuliers : la nécessité de les séparer produit un nouveau tumulte.

La cour n'a que très peu de voitures ; elles ne sont pas, à beaucoup près, suffisantes pour transporter la trentième partie des individus qui sont à la suite des princes et des princesses ; on fait venir toutes les chaises de louage de Lisbonne. On voit paroître, à la file, un nombre prodigieux de ces voitures, dont l'ensemble forme un spectacle assez plaisant : c'est un mélange risible de chaises vieilles et neuves, élégantes et délabrées, propres et couvertes de poussière ou de boue ; de postillons vieux et jeunes, grands et petits, déguenillés, de travers, borgnes, en habit, en veste, en souguenille, souvent ivres ; de mules et de chevaux accouplés ensemble, d'animaux de tailles et de couleurs différentes, accollés l'un à l'autre, de bestiaux maigres, secs, décharnés, qui peuvent à peine se traîner.

Le tumulte recommence ici ; chacun veut monter le premier ; on se presse, on se pousse ; en voulant trop se presser on retarde le départ.

Viennent ensuite les charrettes pour transporter les meubles de la couronne. La cour ne peut faire un pas sans faire porter ses meubles à sa suite ; les rois de

Portugal n'ont des meubles que dans un palais; ils ne peuvent changer de demeure sans les emporter avec eux; on porte tout jusqu'à leur lit.

## PALAIS DU ROI.

Le Portugal a un roi, et ce roi n'a point de palais. Il en avoit deux à Lisbonne : l'un fut renversé par le tremblement de terre qui détruisit cette ville en 1755; c'est celui que la cour habitoit; on a construit une place, l'hôtel-de-ville, la douane, des magasins, des édifices pour des tribunaux, sur l'emplacement qu'il occupoit : l'autre existe encore aujourd'hui sous le nom de *Palais de la Reine*, *Paço da Reyna*; c'est un édifice très-ordinaire, au dessous de la maison d'un simple particulier, qu'on néglige, qu'on laisse tomber en ruines, qui n'est habité que par des individus d'une classe très-inférieure, et qui est l'asyle de la contrebande et des contrebandiers.

Immédiament après le tremblement de terre on construisit à la hâte des barraques de bois, récrépies de chaux, à Belem, près de Lisbonne; la cour s'y logea. On a fait dans la suite des augmentations successives à ce frêle édifice : on l'a décoré du nom de palais, et la cour n'a cessé d'y faire sa résidence pendant trente-neuf ans. Il a été réduit en cendre par un incendie au mois de novembre 1794. La cour, n'ayant aucune demeure à Lisbonne, est réduite à demeurer à Quelus, village éloigné de deux lieues de cette ville.

Il y a cependant, à l'extrémité occidentale de Lisbonne, un petit palais, appelé *das necessidades*, qui a été quelquefois habité par des rois. Il a de beaux jardins; mais l'édifice en est petit, resserré, incommode, insuffisant pour loger la cour : la plus grande partie de ce palais a été convertie en un couvent, le feu roi, don Joseph, en ayant fait présent aux prêtres de la congrégation de l'oratoire; le reste est occupé par des particuliers, auxquels la reine a permis de l'habiter.

Le roi de Portugal a deux maisons royales hors de Lisbonne, l'une à Quelus, l'autre à Salvaterra ; la première à deux lieues, la dernière à dix lieues de cette ville ; mais elles sont loin de mériter le nom de palais. Ce sont des maisons à peine dignes d'un riche particulier ; elles sont composées de divers corps de logis, réunis en différens tems, sans aucun ordre d'architecture, sans symétrie, sans ornemens ; l'intérieur en est mesquin, nu, mal distribué, mal meublé ; on n'y voit aucun ornement, aucun ameublement de goût moderne, riche ; tout y est antique et usé.

## GRANDS.

La cour de Lisbonne a des grands divisés, par leurs titres, en plusieurs classes, en ducs, en marquis, en comtes, en vicomtes et en barons : les ducs sont tous de la famille royale ; il n'y en a aujourd'hui que deux ; les marquis sont estimés au-dessus des comtes ; ceux-ci au-dessus des barons et des vicomtes (1) ; cependant

---

(1) On compte aujourd'hui en Portugal soixante-treize

ils jouissent tous des mêmes prérogatives.

Ces grands ne sont grands ni par leurs richesses, ni par leur luxe, ni par leur magnificence, ni par leur représentation. Deux ou trois jouissent d'environ 300,000 livres tournois de rente ; les revenus des autres sont infiniment au-dessous de cette somme. Leurs palais ne sont remarquables que par leur étendue ; par leur architecture, par leurs décorations, par leurs ameublemens, ils sont au-dessous des simples maisons des particuliers un peu opulens : ils n'ont aucune représentation ; ils ne donnent jamais à manger ; ils ne donnent jamais des fêtes ; ils reçoivent rarement chez eux. Leurs équipages sont très-ordinaires ; ce ne sont que des chaises, de ces chaises à brancard, dont

---

titres de grands, deux ducs, dix-huit marquis, quarante-six comtes, deux barons et cinq vicomtes ; il n'y a cependant que cinquante-trois maisons effectives, plusieurs titres étant réunis dans la même maison ; les deux ducs ont chacun un titre de marquis et un titre de comte ; seize marquis ont aussi des titres de comte, et deux des classes précédentes ont un titre de baron et un titre de vicomte.

il a été parlé ; quelques-uns ont des carrosses, mais également très-ordinaires et anciens.

Leur luxe consiste à avoir quatre mules à leurs voitures, à se faire suivre par un domestique à cheval, avec l'épée à côté, qu'ils décorent du nom d'écuyer, et à avoir un grand nombre de domestiques.

Ces domestiques ne sont point cependant brillans ; ils sont les plus mal tenus, les plus mal habillés, les plus mal nourris et les plus mal payés de Lisbonne. Leurs livrées, sales, usées, quelquefois déguenillées, répondent mal à la grandeur extérieure que les grands veulent affecter ; leurs gages sont d'un tiers plus modiques que ceux des domestiques des négocians étrangers ; leur nourriture se borne à la modique ration dont il a été parlé ; aussi quittent-ils bientôt le service des grands lorsqu'ils peuvent entrer dans des maisons étrangères.

Ces grands sont très-hauts, très-fiers, peu abordables pour les Portuguais (1) ; mais

---

(1) « Les *fidalgos*, ou grands de Portugal, ne sont pas

ils sont généralement polis, aimables, affables, même affectueux, prévenans, d'un accès facile pour les étrangers.

## ESPIONNAGE.

L'espionnage, cette invention funeste du despotisme, qui détruit les liens de la confiance et de l'amitié, qui attriste l'ame et retrécit les cœurs, qui comprime le génie et énerve le courage, s'est introduit en Portugal ; il règne à Lisbonne avec la plus grande violence. Les espions y pullulent dans tous les états ; ils y sont répandus dans tous les lieux ; ils se reproduisent sur les places, dans les rues, dans

---

aussi ignorans que les grands d'Espagne, mais ils sont presque aussi peu communicatifs, aussi fiers et plus jaloux de leurs femmes. Très-peu servent, parce que très-peu en ont la permission : ils ont porté l'audace, la tyrannie et l'indépendance jusqu'au dernier période, depuis l'époque de l'acclamation, en 1640, jusqu'à celle de l'assassinat du roi en 1756. Le comte d'Oyeras a profité de cette circonstance pour les réduire et les mettre plus bas qu'ils ne s'étoient jamais élevés. Mais ce n'est plus ainsi depuis la disgrace du marquis de Pombal ».

*Etat présent du royaume de Portugal.*

les boutiques, dans les cafés, à la bourse, dans les sales de spectacle, dans l'intérieur des maisons, dans les sociétés, dans le cabinet de l'homme de loi, dans le bureau du négociant ; ils prophanent, par leur présence et par leurs odieuses recherches, le sanctuaire de la justice et le temple du seigneur.

Ces espions sont aux ordres de l'intendant de police. Ce magistrat les tient dans sa main ; il les fait agir à son gré ; par leur moyen il pénètre dans le secret des familles, il recueille ce qui se passe dans les sociétés, il connoît tout ce qui se dit, tout ce qui se fait dans tous les actes de la vie religieuse, de la vie civile, de la vie sociale. Ces infames agens sont les premières victimes de son despotisme, lorsqu'il les soupçonne de lui déguiser des faits dont il les croit instruits ; mais il leur pardonne les fausses délations : elles sont à ses yeux une preuve de leur zèle.

Jamais ville eût autant d'espions que Lisbonne ; jamais magistrat de police fut aussi mal servi par ses espions que celui de Lisbonne. Il promet de l'argent aux uns ; il ne les paie jamais, ou il les paie mal : il entretient les autres de promesses qu'il ne réalise jamais ; il force beaucoup d'autres à faire ce vil métier par la terreur qu'il inspire ; c'est un moyen de se soustraire à ses fureurs : aussi lui laisse-t-on ignorer souvent ce qu'il devroit savoir ; on ne lui rapporte que ce que la vengeance, la haine, l'intérêt personnel, le besoin de se rendre utile, inspirent à ses infames satellites.

Cet espionnage a changé entièrement les mœurs de Lisbonne ; il y imprime une crainte générale ; il y a détruit la confiance ; il y a fait succéder une contrainte forcée, une réserve fatigante, aux doux épanchemens de l'amitié.

On y craint d'avoir un ami ; on y redoute de s'ouvrir à un parent. Un frère, un cousin, un protégé, un ami, un militaire, un prêtre, un moine, un commis, un domestique, recèlent souvent autant de délateurs, prêts à sacrifier à leurs intérêts l'homme que les liens du sang, de l'amitié, de la reconnoissance, du devoir, devroient leur rendre cher.

De-là, une gêne, une contrainte, une réserve générale; de-là, des méfiances qui dégénèrent en inimitiés; de-là, un poison destructeur des agrémens de la vie sociale, son action délatère, se répandant sur les familles et sur les individus, fait naître et perpétue des divisions, des troubles, des haines envenimées; il transforme les citoyens en ennemis qui craignent de se rapprocher et de se réunir.

Une tristesse générale est répandue chez tous les individus; tout le monde craint les mauvais offices d'un ennemi, d'un envieux, d'un être intéressé à nuire ou à mériter, par ses bassesses, les faveurs de l'intendant. On ne voit plus à Lisbonne une figure épanouie, une figure ouverte; l'inquiétude est peinte sur tous les visages; elle annonce le tourment intérieur dont l'ame est affectée.

## POLICE.

Lisbonne a un intendant de police qui s'est rendu aussi fameux par ses coups d'autorité, que redoutable par ses fureurs. Le nom de *pina manique* imprime une terreur générale; on ose à peine le prononcer.

On n'accoste cet intendant qu'en tremblant; on se sent comme repousser par une main invisible; l'idée de ce qu'on doit craindre de sa sévérité, toujours outrée, toujours irréfléchie, toujours précipitée, en impose aux plus hardis. Son abord n'est rien moins que rassurant : un sérieux glacé, un regard sinistre, une figure brune, sombre, rude, farouche, repoussante, impriment une nouvelle terreur.

La police des grandes villes a plusieurs branches importantes ; la sûreté des citoyens, la propreté et la clarté des rues, le maintien des mœurs publiques en font la partie la plus essentielle. Ce sont celles dont cet intendant s'occupe le moins ; il les livre au hasard et à elles-mêmes, elles font la partie honteuse de la police de Lisbonne : ces articles seront traités chacun en particulier.

Cet intendant se livre en entier à la découverte de la contrebande, à la poursuite des contrebandiers, à la propagation de l'espionnage, aux délations qu'il reçoit avec avidité et qu'il accueille avec empressement. Il a, pour ces objets, une vigilance active, mais légère et précipitée.

Il lui seroit impossible d'approfondir aucune affaire ; il n'a ni le tems, ni l'intelligence nécessaires pour remplir les fonctions de toutes les places qui lui sont confiées.

Il est à la fois intendant de police de Lisbonne, intendant général de celle de tout le Portugal, *desembargador do paço;* c'est-à-dire, conseiller au parlement de Lisbonne, administrateur général de la douane de cette ville, et premier directeur de toutes celles du royaume. Chacune de ces places demanderoit un homme seul.

Sans esprit, sans génie, sans aucune connoissance des loix de son pays, du droit naturel, du droit des gens, il n'a que les connoissances matérielles qu'il a acquises par le long exercice des places qu'il occupe.

Son intelligence se borne à changer des riens en choses de la plus grande importance, à convertir les actions et les paroles les plus innocentes en actions et en paroles dangereuses, à donner un sens entortillé, mistérieux, criminel, à ce qui est le moins équivoque.

La prévention lui fait tout voir sous des couleurs sinistres. Si on garde le silence, on trame mistérieusement des projets dangereux ; si on parle, on sème des propos séditieux ; si on vit dans la retraite, on s'y occupe des moyens de mettre quelque projet en exécution ; si on se répand dans les sociétés, on cherche à se faire des prosélites.

Il ne voit point le crime dans l'infraction de la loi ; il le trouve dans la résistance à sa volonté. Il punit, comme des crimes, un propos inconsidéré, une démarche imprudente, une saillie de société, souvent des faits supposés, imaginaires. Il punit, comme des propos dangereux, une confidence faite à un ami, à un parent, destinée à mourir dans le sein qui la reçoit. Il punit, comme un attentat contre l'autorité suprême, un épanchement dans le sein d'un ami, d'un parent, d'un conseil, d'un homme d'affaires, nécessité souvent par des intérêts, par la douleur, par un besoin, par une situation critique, par le désordre des affaires, par l'honneur et la fortune des familles.

Il multiplie l'espionnage ; il ajoute une confiance entière au rapport de ses espions ; une simple délation, sans preuves, sans vraisemblance, lui suffit ; sa tête se monte, elle s'enflamme, elle éclate ; malheur à celui sur lequel l'orage tombe ; il est écrasé sans avoir pu prévoir la tempête. La perte de la liberté, la perte des biens, la déportation dans des pays éloignés, sont les moindres effets de la colère de l'intendant. Toute réclamation est inutile ; elle est impossible ; tout moyen de justification est refusé ; l'homme puni ignore même jusqu'au crime qu'on lui suppose.

La facilité de cet intendant à écouter les dénonciations, à les accueillir, à y ajouter foi, sans examen, sans vérification, lui a fait exercer des actes multipliés du despotisme le plus révoltant.

## SURETÉ DES RUES.

Il est dix heures du soir; je traverse quelques rues, éclairé par mon laquais qui porte un flambeau; je trouve un homme éploré qu'on vient de dépouiller, de dévaliser, de voler, en lui tenant le poignard sur la gorge. Hors d'état de lui donner des secours, je rentre chez moi, en réfléchissant sur cet événement. Une demi-heure après, un cri perçant se fait entendre; je cours à ma fenêtre; je ne vois rien; quelques accens plaintifs frappent mon oreille; je vole dans la rue; j'y trouve un homme qu'on vient de poignarder; il a expiré. Toutes les portes, toutes les fenêtres sont fermées; on vole, on assassine; les Portugais l'entendent; ils ne cherchent à donner aucun secours à l'infortuné qu'on attaque; ils se renferment dans leurs maisons.

Ces accidens sont fréquens à Lisbonne; c'est la ville la plus propre à favoriser le vol et l'assassinat; c'est la ville où il s'en commet le plus; il n'y en a point cependant de plus mal gardée; c'est une ville vraiment dangereuse.

Les rues de l'ancien Lisbonne, de la partie de cette ville qui résista au tremblement de terre de 1755, sont étroites, resserrées, inégales, tortueuses, remplies de détours, coupées fréquemment par des saillies et des enfoncemens.

Celles du nouveau Lisbonne, de la partie reconstruite depuis le tremblement de terre, sont, pour la plupart, droites et assez larges; mais elles sont interrompues souvent par des emplacemens vides, sur lesquels on n'a pas encore bâti; ceux-ci sont remplis de terre, de pierres, de décombres, inégalement entassés. Plusieurs de ces rues ne sont encore bâties que par intervalles; les maisons y sont de loin en loin; des côtés entiers n'en ont encore aucune; les espaces vides, les saillies, les enfoncemens s'y multiplient : tout y est encombré par des terres, des décombres, des matériaux ; le milieu des rues, le milieu des places est souvent obstrué par des monceaux de boue, de terre, de cailloux, par des quantités énormes de pierres de taille.

Dans l'ancien et dans le nouveau Lisbonne la plupart des rues forment des montées très-rudes ou des descentes très-rapides, tandis que les rues principales sont coupées par de petites traverses très-multipliées et très-rapprochées.

Il est aisé de concevoir combien une ville pareille doit être dangereuse dans la nuit, sur-tout n'étant point éclairée ; combien les malfaiteurs y trouvent des asyles faciles et multipliés pour attendre les passans, pour les attaquer sans danger, pour se soustraire facilement aux poursuites et aux recherches.

On doit frémir sur-tout si l'on pense que Lisbonne a une population de trois cent mille ames, que la moitié de cette population n'est composée que de peuple, que le dixième ne comprend que des gens sans aveu, sans feu, ni lieu, qui n'ont d'autre gîte que les rues, dans lesquelles ils passent les jours et les nuits, et des matelots de toutes les nations, qui quittent leurs navires et se répandent librement dans les cabarets et dans les rues.

La police ne prend cependant aucune précaution pour garder cette ville; cet objet est au-dessous de l'intendant de police : il pourroit conserver la vie et la bourse de beaucoup d'individus ; mais cela importe peu à monsieur l'intendant ; il n'en résulteroit pour lui aucun avantage particulier.

Ce chef de la police a fait cependant un effort digne de son génie ; il a imaginé de faire placer toutes les nuits dans les rues, de distance en distance, des hommes munis de crécerelles.

L'idée de cet instrument est singulière ; le religieux intendant l'a prise dans les cloîtres : c'est le même que celui dont on se sert pour appeler les moines aux offices de la semaine-sainte. A-t-il cru que la sainteté de l'instrument ou de l'usage auquel il est consacré, seroit un préservatif contre le crime ?

Ces hommes ne sont point destinés à arrêter les malfaiteurs ; leurs fonctions se bornent à faire du bruit avec leurs instrumens toutes les fois qu'il passe quelqu'un, et à avertir encore, au bruit de leurs crécerelles, lorsqu'ils apperçoivent quelque malfaiteur ; les crécerelles voisines y répondent ; le bruit se propage des unes aux autres : dans un instant, l'avis est porté jusqu'aux extrémités de Lisbonne.

Quel est le bien qui en résulte ?... Du bruit, et rien au-delà.... Les hommes à crécerelles restent tranquilles à leurs places ; personne n'est préposé pour arrêter les malfaiteurs ; ceux-là même qui répètent l'avis de loin en loin, ignorent dans quelle rue le délit a été commis. Les malfaiteurs ne s'effraient point ; ils savent que personne ne court après eux ; ils sont fort tranquilles ; ils sont en effet dans la plus grande sûreté.

Ces hommes à crécerelles sont tous de gens de travail, qu'on arrache à leurs foyers, qui ne reçoivent aucun salaire, qui sont excédés du travail de la journée précédente, qui doivent se ménager pour celui de la suivante ; ils passent souvent la nuit à dormir sous les portes, sans s'embarrasser de ce qu'on fait dans les rues.

Cet intendant a établi encore des patrouilles, qu'on appelle *rondas*: l'idée n'en est pas moins singulière. Leur rencontre est effrayante; elles ressemblent plutôt à des bandes de voleurs, qu'à des patrouilles destinées à veiller à la sûreté des citoyens.

Vingt-quatre hommes, couverts de manteaux, marchent gravement rangés deux à deux, ayant à leur tête un ministre de barrio, espèce de petit commissaire de quartier; celui-ci se dispense souvent d'y aller, et se fait suppléer par son écrivain ou greffier; l'un et l'autre sont également enveloppés de leurs manteaux.

Ces patrouilles nombreuses se font entendre de loin; elles ne dérangent point facilement la lenteur et la gravité de leur marche; elles sont composées d'artisans, d'ouvriers, de pères de famille, qu'on force à y aller chacun à son tour, qui, loin de chercher à arrêter un malfaiteur, sont très-aises de se garantir des coups qu'ils pourroient en recevoir. Le ministre lui-même et son greffier craignent également pour leur peau : ils s'exposent encore moins.

Ces patrouilles ne parcourent qu'un petit nombre de rues; elles finissent de bonne heure, sur-tout lorsque le tems est mauvais, lorsqu'il est par conséquent plus propre à favoriser les crimes nocturnes ; le ministre et l'écrivain aiment mieux aller se coucher, que de courir après des malfaiteurs, qu'ils craignent de rencontrer ; aussi ces patrouilles n'arrêtent-elles jamais personne.

Sera-t-on surpris, d'après cela, que les vols et les coups de couteau se multiplient toutes les nuits à Lisbonne, que les assassinats y soient fréquens, qu'on ne parvienne presque jamais à découvrir et à arrêter les voleurs et les assassins. On doit être surpris, au contraire, que ces crimes n'y soient pas plus fréquens. Cependant on y a assassiné neuf hommes dans une nuit, en 1794 ; dans l'hiver de 1794 à 1795, on arrêtoit et on voloit les personnes à pied, quoiqu'accompagnées d'un domestique avec un flambeau; on y a même arrêté des voitures, malgré les cochers et les domestiques dont elles étoient accompagnées et les flambeaux dont elles étoient éclairées.

Les Portugais sont si accoutumés à ces accidens, qu'ils n'y font aucune attention; ils n'en persistent pas moins à soutenir que les rues des Lisbonne sont très-sûres.

## PROPRETÉ DES RUES.

La propreté des rues fixe encore moins l'attention de la police. Il n'y a point de ville, de bourg, de village, dont les rues soient aussi boueuses, aussi poudreuses, aussi sales, aussi impraticables, que celles de Lisbonne.

En hiver, les boues s'y amoncèlent pendant les pluies fortes et longues qui accompagnent cette saison; les rues principales, les rues le plus fréquentées en ont presque toujours un demi-pied sur les côtés et des tas énormes dans le milieu. C'est encore pire dans les petites rues, dans les rues

de

de traverse, dans les rues détournées ; elles sont souvent impraticables.

Il n'est pas possible de parcourir Lisbonne en hiver sans se crotter jusqu'aux genoux ; il faut aller à cheval ou porter des bottes ; si on est en voiture, c'est-à-dire, dans ces chaises ridicules qui sont les voitures de cette ville, il faut s'enterrer avec soin sous les cuirs énormes qui les enveloppent ; c'est le seul moyen d'éviter d'être couvert d'éclaboussures de la tête aux pieds.

On ne balaie jamais les petites rues ; il y en a où des tas d'ordures sont accumulés depuis plus de vingt ans ; ils y acquièrent tous les jours un volume plus considérable ; dans quelques endroits ils engorgent absolument la rue.

On ne balaie les rues principales que lorsqu'il doit y passer des processions ; on les balaie aussi quelquefois lorsqu'elles deviennent absolument impraticables par l'énorme quantité des boues qui s'y sont ramassées ; on relève alors les boues par les côtés ; on les pousse vers le milieu de la rue ; on les y amoncèle par tas ; on les y

I

laisse sans prendre la peine de les faire enlever. A la première pluie ces boues se détrempent de nouveau ; elles sont entraînées par l'eau qui tombe toujours avec violence, elles se répandent sur les côtés; l'eau s'arrête avec elles ; il se forme des mares multipliées, plus ou moins étendues, plus ou moins profondes. Ces mêmes rues deviennent plus sales, plus boueuses, moins praticables qu'elles n'étoient avant que d'avoir été balayées.

Cette même boue, laissée ainsi dans les rues, se dessèche à mesure que l'atmosphère s'échauffe ; elle se convertit en une poussière fine et noirâtre. Les rues en sont couvertes pendant l'été; on ne peut les parcourir avec des bas blancs : ils deviennent noirs dans un instant. Il faut se fermer sous les cuirs des voitures avec le même soin qu'en hiver, quelque brûlante que soit la chaleur, au risque d'étouffer et d'être couvert de sueur ; sans cette précaution, on est enveloppé des tourbillons de poussière que les roues et les pieds des chevaux font élever.

Cette poussière entre dans les maisons ;

elle couvre les meubles ; elle est si fine qu'elle pénètre à travers les volets des fenêtres quelque soin qu'on ait de les tenir fermés ; les meubles en sont toujours couverts, quoiqu'on les essuie plusieurs fois tous les jours.

On augmente encore la masse de cette poussière dans les rues où la procession du jour de la Fête-Dieu doit passer ; on les couvre de sable, qui, foulé ensuite sous les pieds des chevaux, se réduit également en poussière très-fine ; celle-ci se mêle, se confond, s'amalgame avec celle qui y étoit déja ; elle se détrempe à la première pluie ; il se forme sur-le-champ des mares de boue d'un pied de profondeur.

Les habitans de Lisbonne paient cependant un impôt considérable, dont l'objet est de pourvoir à la propreté des rues. L'impôt se paie exactement ; l'intendant le perçoit avec soin, et les rues ne sont point balayées. Ils n'osent se plaindre ; ils craignent trop le terrible intendant ; à peine osent-ils murmurer tout bas ; ils trouvent un plaisir secret à se venger par une méchanceté atroce contre ce pauvre magistrat; ils se disent à l'oreille que de belles maisons qu'il a fait bâtir, et d'autres qu'il fait construire encore, sont des *maisons de boue*.

## CLARTÉ DES RUES.

La nécessité d'éclairer Lisbonne pendant la nuit étoit indispensable dans une ville dont les rues, par leur disposition, favorisent autant le vol et l'assassinat; on ne s'en étoit cependant jamais occupé; on résolut enfin d'y pourvoir en 1790. On mit un nouvel impôt; on plaça les lanternes en 1791; on éclaira cette ville pendant les hivers de 1791 à 1792, et de 1792 à 1793; après cette dernière époque, on retira les lanternes : on ne les a plus remises.

On n'éclaira point pendant l'hiver de 1793 à 1794; on dit alors que l'intendant avoit dépensé le produit de cet impôt en fêtes, trop belles pour un particulier, qu'il donna à l'occasion de l'accouchement de la princesse du Brésil; mais c'étoit une calomnie; comment cet impôt auroit-il pu servir à payer les frais de ces fêtes, puisqu'on prétend que l'intendant les doit encore, qu'il n'en a jamais payé ni les entrepreneurs, ni les fournisseurs ; ce qui a fait dire à Lisbonne, ce qui a fait afficher dans toutes les rues, qu'*il fait ce qu'il doit, qu'il doit ce qu'il fait.*

*Far o que debe,*
*Debe o que far.*

Il n'y a point eu de fête en 1794 ; cependant on n'a point éclairé les rues pendant l'hiver de 1794 à 1795. L'impôt se paie, et se paie exactement ; l'intendant le perçoit ; sa sagesse lui donne sans doute une destination dont l'utilité est inconnue au public ; mais ce public, toujours injuste, toujours prêt à censurer, attaque encore ce chef de la police ; il prétend que l'huile des lanternes, mêlé avec la boue des rues, sert à faire le mortier ou le ciment nécessaire pour la construction des maisons de ce magistrat (1).

---

(1) Ce public est ingrat et méchant; il fait circuler une

# FILLES PUBLIQUES.

On ne voit point ici de ces femmes qui parcourent hardiment les rues, la tête levée, les pieds dans la poussière ou dans la boue, qui attaquent effrontement les passans, qui, par des agaceries indécen-

---

nouvelle méchanceté, encore plus atroce contre cet intendant qui lui fait tant de bien; il raconte son prétendu début dans la carrière de la police subalterne, comme une preuve de l'adresse et de l'avidité qui lui sont personnelles. Ce magistrat, dit-on, n'étant que commissaire de barrio sous le ministère du marquis de Pombal, fut chargé d'arrêter et de conduire en prison un fameux avocat, appelé Nogueira, qui disparut absolument et dont on n'a plus entendu parler; chargé en même tems de saisir les papiers de cet avocat, il se convainquit, en les parcourant, que sa fortune étoit considérable; il la convoita sur-le-champ; pour se l'approprier il força, par des menaces, la fille du proscrit de l'épouser; mais la demoiselle avoit un frère qui devoit retenir la moitié de la fortune; il le fit passer pour être tombé en démence; il le fit enfermer dans un couvent; il le fit enfin si bien disparoître qu'il n'a jamais plus reparu. Je ne rapporte point cette anecdote comme une vérité, mais comme une preuve de l'ingratitude du public envers un magistrat qui ne cesse de lui dire qu'il consacre tous ses momens à veiller à son bonheur.

tes, par des propos scandaleux, par des actions impudiques, insultent insolemment à l'honnêteté publique.

Ce n'est point que Lisbonne ne soit rempli de ces femmes que le libertinage, la séduction ou le malheur ont entraîné dans la carrière du vice, que l'oisiveté y retient, que l'habitude endurcit dans le crime, dont les besoins perpétuent la prostitution; elles y sont en très-grand nombre; on en voit de tous les côtés; il n'y a point de rue où elles ne soient, pour ainsi dire, amoncelées les unes sur les autres.

Elles n'invitent point publiquement les passans, mais elles se tiennent toute la journée à leurs fenêtres; leurs regards, leur posture indiquent ce qu'elles sont; il est difficile de s'y méprendre. Quelques-unes ont un signal connu des amateurs; lorsque le mauvais tems, la chaleur ou quelqu'autre circonstance les empêchent de rester à la fenêtre, elles y arborent un mouchoir blanc; une serviette; c'est le signal de raliement; c'est le drapeau de recrue, qui invite les passans, qui les appelle, qui les engage à franchir un seuil qu'on ne franchit presque jamais impunément.

Il y en a d'une autre espèce, et leur manège est différent. Celles-ci sont de jeunes filles qui parcourent les rues en plein jour, accompagnées d'une femme d'un âge avancé : elles ne parlent à personne ; elles ne regardent personne ; elles ne font aucun signe ; elles ont un air modeste ; elles marchent les yeux baissés ; elles paroissent l'innocence même. On les distingue aisément à la manière dont leurs vieilles compagnes regardent et fixent ceux qui les envisagent. On accoste les vieilles en passant ; on dit deux mots sans s'arrêter : l'accord est comme fait d'avance ; il ne s'agit que de savoir la demeure ; ou bien on les suit, on les voit entrer dans leurs maisons, on y entre après elles ; quelquefois elles entrent dans une allée ou dans une église et c'est pour convenir des faits, de l'heure et du lieu.

Il y en a d'autres qui se promènent seules dans les rues à l'entrée de la nuit, enveloppées dans leurs manteaux ; on les connoît aisément, on les accoste, on les suit, ou l'on s'en va avec elles : on les appelle les *chauve-souris*.

Beaucoup de femmes mariées, femmes du peuple, femmes d'artisans, font cet indigne métier : les unes, d'accord avec leurs maris, partagent avec eux le fruit de leur prostitution ; il y a parmi celles-ci beaucoup de femmes de soldats, qu'on prendroit, à leur mise, pour des femmes d'une condition supérieure. Beaucoup d'autres sont des femmes éloignées ou séparées de leurs maris, dont les uns les ont quittées volontairement, tandis que le plus grand nombre a été banni ou déporté au loin par ordre de la justice. D'autres, vivant actuellement avec leurs maris, se cachent avec soin pour leur dérober la connoissance de leur libertinage.

Toutes ces femmes ne sont rien moins que délicates ; elles ne sont point difficiles sur le choix ; elles reçoivent indifféremment le premier venu ; tous, depuis le grand seigneur jusqu'au laquais et au matelot, ont les mêmes droits à leurs faveurs : l'argent fait tout, l'argent rapproche tous les états dans le temple de la luxure. Aussi distribuent-elles à l'envi et sans mesure ce venin destructeur dont l'action deletère dégrade tous les jours l'espèce humaine. Ce mal, très-commun à Lisbonne, s'y propage d'autant plus aisément, il y devient d'autant plus dangereux qu'on n'en guérit presque jamais radicalement ; les médecins et les chirurgiens portugais ne savent point le traiter ; la plupart de leurs cures ne sont que palliatives, par conséquent plus dangereuses que le mal lui-même, par la sécurité funeste qu'elles inspirent.

La police voit ces désordres ; elle ne s'en émeut point. Elle voit l'infection se communiquer de proche en proche, se propager au loin, se développer avec énergie, s'étendre sur toutes les classes des citoyens, sur tous les sexes, sur tous les âges, porter par-tout avec elle un principe destructeur de la propagation de l'espèce, de la santé des individus, de la vie des citoyens, de la tranquillité des familles : elle ne s'en émeut pas davantage ; elle n'exerce aucune espèce de surveillance sur cet objet important ; elle ne s'en occupe en aucune manière.

Cette police sévit cependant quelquefois contre cette espèce vile et dangereuse; elle fait enlever de tems en tems quelqu'une de ces femmes; ce ne sont point toujours les plus coupables, les plus scandaleuses; mais elle ne s'y détermine jamais par la dépravation des mœurs, ni par le scandale public, ni par le danger qui en résulte; elle ne s'y décide que pour servir la vengeance de quelqu'un de ses subalternes, ou pour céder aux sollicitations d'une épouse éplorée, d'un père affligé, d'une famille désolée; leurs plaintes, quelques justes qu'elles soient, ne sont cependant accueillies qu'autant qu'elles sont appuyées par des personnes puissantes, ou soutenues par des présens faits secrètement aux subalternes. Sans crédit, sans argent, les réclamations le mieux fondées sont sans effet.

Lorsqu'on arrête quelque femme de cette espèce, on l'enferme au château; on l'y occupe à divers travaux. Si elle ne sait rien faire, on la renvoie, on lui rend sa liberté; on trouve qu'il est inutile de nourrir une femme qui n'est bonne à rien : il importe peu qu'elle infecte de nouveau la société. Malheur, au contraire, à celle qui sait travailler ; elle est confinée pour long-tems dans sa prison ; on la retient au-delà du terme fixé pour sa pénitence, quelquefois pour toujours ; on la nourrit mal ; on profite cependant du produit de son travail.

## POTS-DE-CHAMBRE.

Il est neuf heures du soir ; les fenêtres s'ouvrent ; une foule de pots-de-chambre s'avancent au dehors ; il en tombe de tous les côtés une pluie de matières infectes ; je ne m'en garantis qu'en marchant collé contre les murs.

J'échappe à cette attaque imprévue et générale ; mais le lendemain je sors, je parcours les rues en plein jour ; je suis tout à coup assailli, enveloppé, sous un tourbillon de matières sales, puantes, fétides ; ma tête en est couverte, mon habit en est parsemé ; une odeur repoussante s'élève de toutes les parties de mon corps ; je suis étourdi, je suis confondu. Des éclats de rire se font entendre; on se rassemble, on s'approche, on m'entoure; des regards curieux et moqueurs me parcourent de la tête aux pieds; personne ne s'empresse à me secourir, à m'essuyer, à me consoler; on rit de mon malheur. Je cours chez moi changer de vêtemens, me laver, me désinfecter; l'indignation est dans mon ame; mon cœur est rempli de désirs de vengeance; mais vains projets! je serai encore trop heureux de dévorer ma rage et de me taire.

Ces accidens sont très-fréquens à Lisbonne; on ne peut passer dans les rues de cette ville sans y être exposé à être inondé et couvert d'ordures. On y jette par les fenêtres de l'eau propre ou sale, les lavures des cuisines, les urines, les excrémens de toute une famille, réunis et croupis ensemble. On le fait à toutes les heures, dans le jour comme dans la nuit, sans avertir, sans regarder s'il passe quelqu'un. Il n'y a point de jour où quelque passant ne soit mouillé, inondé, taché, infecté par l'odeur fétide et repoussante des matières dont on le couvre. Les Portugais en rient ; ils se moquent de l'individu arrosé. On est mouillé, sali, taché, infecté; on est encore honni, hué, moqué, bafoué.

Que fait alors la police ?... rien... Elle est trop prudente pour s'opposer aux bons usages des Portuguais pour interrompre leurs plaisirs, pour diminuer leurs moyens de satisfaire leur délicate sensualité : elle rejette toutes les plaintes qu'on lui porte sur cet objet; mais elle s'empresse à punir ceux qui veulent en tirer une vengeance manuelle. Telle est son équitable impartialité ; elle imite le chien du jardinier, qui veut aboyer, et qui ne veut point que les autres chiens en fassent autant.

L'individu inondé, taché, sali, infecté, hué, bafoué, n'a d'autre ressource que celle d'intenter un procès devant les tribunaux ordinaires. On écrit, on informe, on fait des paperasses monstrueuses; les juges, les greffiers, les avocats, les procureurs dépouillent à l'invi l'infortuné plaideur; il ne parvient jamais à obtenir un décret. Le procès s'éternise ; il dure cinq, six, huit ans; on n'en voit point quelquefois la fin; les frais en sont accablans. On l'abandonne presque toujours par dégoût, par lassitude, ou par impuissance de subvenir à la dépense qu'il exige; on a cependant dépensé vingt ou trente fois plus que la valeur des habits qui ont été tachés, gâtés, mis hors de service. On ne peut même retirer ces habits qui ont été déposés au greffe; ils sont perdus pour le plaideur imprudent; le greffier, peu délicat, s'en accommode; il les fait laver, nétoyer, dégraisser, tourner; il les convertit à son usage, à celui de ses enfans, de ses domestiques, ou bien il les vend à des marchands de vieux habits : c'est ce qu'il appelle ses profits.

## GOUVERNEMENT DE L'ÉTAT.

Le gouvernement portugais peut être comparé à un enfant que la crainte des verges rend humble, soumis, docile, bas, rampant envers son maître, et qui se venge de la contrainte qu'il s'est faite et des humiliations qu'il a reçues sur des êtres plus foibles, ou soumis à ses volontés, et qui ne peuvent lui résister.

Ce gouvernement, toujours asservi sous le joug de ses voisins, fléchit sous la loi, souvent humiliante, qu'ils lui imposent; il est presque anéanti sous le poids de l'obéissance servile qu'ils en exigent; mais il se venge de sa contrainte, de ses humiliations, de son avilissement, sur les foibles individus qui sont hors d'état de lui résister; il développe sur eux une énergie d'autant plus terrible qu'elle a été plus contrainte; il les frappe d'une verge de fer; il triomphe alors de sa force; il est tout fier d'avoir pu frapper à son tour; il oublie, dans l'exercice des actes d'autorité, sa foiblesse, son inertie et sa nullité.

Le Portugal est le royaume le plus petit, le plus foible, le plus nul de l'Europe. Il est dans un état de crise cotinuelle entre deux puissances supérieures, qui pourroient chacune l'anéantir dans un instant. L'Angleterre, qui attire à elle tout l'or des Portugais, qui les appauvrit et les méprise, dicte des loix au gouvernement;

ment; on les reçoit humblement; on les exécute avec précision. L'Espagne, moins exigeante en apparence depuis les mariages qui ont réuni les deux maisons royales, n'en va pas moins à son but; elle est moins impérieuse que l'Angleterre, mais elle ne veut point être refusée; elle dirige souvent le cabinet de Lisbonne; sur-tout dans les affaires où les Anglois ne sont point intéressés.

La politique de ce gouvernement est celle de tous les états foibles et d'une existence précaire. Elle ne connoît, elle n'emploie que des petits moyens tortueux, ténébreux, des petites intrigues sans combinaison, sans suite, dont le mobile, la marche et les effets s'étendent rarement au-delà des murs que le prince habite.

Le système actuel est de n'en avoir aucun, de vivre, pour ainsi dire, du jour à la journée, de changer tous les jours de plan, de maximes, d'opérations, selon les circonstances. Ces variations continuelles prêtent au ridicule; elles découvrent la foiblesse de l'état et l'incapacité des ministres; elles détruisent la confiance des

K

nationaux et des étrangers; elles font naître des murmures; elles inspirent un mépris du gouvernement.

Le Portugal a quatre secrétaires d'état, qui administrent les différens départemens.

Un d'entre eux, le *marquis de Ponte de Lima*, est proprement le premier ministre: il est rempli de probité; il est humain; affable, désintéressé; il veut le bien; mais il est foible; il n'a point le courage de résister aux autres ministres; avec les meilleures intentions, il ne peut suivre les impulsions de son cœur; il abandonne aux autres le timon des affaires, en gémissant des maux dont il est témoin.

Un *Martin de Mello et Castro* avoit le département de la marine, il avoit aussi une réputation de probité; mais il passoit pour avoir des idées singulières et qui n'étoient qu'à lui : il vient de mourir.

Il y auroit beaucoup de choses à dire sur *Joseph Seabra da Silva*, qui a le département de l'intérieur; mais une anecdote suffira. Deja employé dans le ministère sous le roi don Joseph, il trahit le secret de l'état; il fut dépouillé de ses emplois et déporté à Pedras-Negras, contrée presque déserte de l'Amérique portugaise. Rappelé au ministère par la reine régnante, il a rapporté de son exil un caractère faux, dur, entier, impérieux, sauvage, farouche, repoussant, un esprit sans vues, sans raisonnement, sans aucune idée de logique, un penchant décidé au despotisme, qu'il exerce d'une manière violente.

*Louis Pinto da Sousa-Coutinho* a le département de la guerre et des affaires étrangères; il a une figure douce et agréable, un abord facile et prévenant, une voix miellée, un ton modeste, simple, poli, insinuant, persuasif; ce dehors trompeur couvre un penchant non moins décidé au despotisme; il promet facilement, mais il tient peu ce qu'il promet; il satisfait, par ses propos, ceux qui lui parlent; mais il mécontente ceux qui attendent l'exécution de ses promesses; il accable de caresses perfides ceux qu'il veut perdre; souvent le moment où l'on en est le mieux accueilli, est celui où on va être arrêté par ses ordres, enlevé à sa famille, à ses affaires, ruiné, enfermé dans des cachots, déporté au loin.

Un cinquième individu, quoique placé dans une classe subalterne, devient, par le fait, un ministre aussi puissant que ceux auxquels il est subordonné. Ce cinquième individu est un *Diogo Jgnacio de pina Manique*, intendant de Lisbonne. Cet homme de fortune n'est parvenu que par sa souplesse, par son talent et l'espionnage, par ses ressources dans l'art de seconder le despotisme ministériel. Il a pris sur les ministres un ascendant qui les maîtrise; il le doit autant à la terreur qu'il inspire à ceux-là même qui gouvernent, qu'à leur indolence naturelle, qui leur fait agréer tout ce que leur propose un magistrat subalterne qui les décharge d'une partie du gouvernement. Il s'est rendu le maître de presque toutes les affaires qui intéressent l'honneur, la liberté, la tranquillité, la fortune des citoyens; la plupart des actes de despotisme viennent de lui; les ministres les approuvent sans examen; ils le lui laissent exercer en leur nom.

Ces ministres se sont maintenus dans les places qu'ils occupòient lorsque la reine actuelle est tombée dans un état qui la rend absolument inhabile au gouvernement; ils se sont emparés même de toute l'autorité.

Leur premier devoir, en se conformant aux loix du Portugal, étoit de faire assembler les états pour faire nommer un régent du royaume; mais ils ont craint de voir diminuer leur pouvoir; ils ont craint avec raison de perdre leurs places. Ils ont retenu, de leur propre autorité, les rênes du gouvernement; ils administrent toutes les affaires de l'état à leur gré sous le nom d'une reine inhabile, qui ne peut les éclairer, ni les diriger, à laquelle ils ne peuvent rendre aucun compte, de laquelle ils ne peuvent recevoir aucuns ordres.

Tout ce qu'ils font est inégal, irrégulier, contraire aux loix de l'état; on murmure; mais personne n'ose lever le drapeau; on craint d'être accablé sous le poids de leur autorité ministérielle usurpée.

Ils ont connu l'irrégularité de leur conduite, l'illégalité de leur administration, la nullité de toutes leurs opérations ; ils ont voulu en palier le vice en se couvrant du nom du prince du Brésil, fils de la princesse malade et héritier de sa couronne ; ils ont paru déposer dans ses mains le poids du gouvernement ; mais ils n'ont osé lui donner ni le titre de régent, ni celui d'administrateur ; ils ne lui font signer aucune expédition ; ils ne font rien en son nom ; ils font tout au nom d'une reine inhabile et séquestrée de la société.

Ce prince est naturellement bon, naturellement bienfaisant ; mais il est jeune ; l'âge n'a point mûri son raisonnement ; l'expérience n'a point éclairé son esprit ; elle n'a point fortifié son courage. Il est timide, et ses ministres le rendent pusillanime ; il veut tout savoir, et ses ministres lui cachent tout ; il veut gouverner, et ses ministres l'éloignent du gouvernement ; il croit régner, et il n'est que le prête-nom des ministres qui règnent sans lui. On exerce, sous ses yeux, des actes multipliés d'un despotisme inouï ; on les exerce sous le nom de la reine, sa mère ; le prince est censé, aux yeux des peuples trompés, y donner sa sanction, tandis que souvent on lui fait des rapports infidelles, tandis que plus souvent encore on ne lui en rend aucun compte, tandis qu'enfin, la reine, sa mère, dont la bonté, la justice, la bienfaisance sont connues, les désavoueroit, si elle pouvoit faire usage de sa raison.

Pourquoi est il donc si commun de voir des ministres odieux chercher à rendre les jeunes princes inhabiles au gouvernement? Pourquoi, au lieu de développer leur jugement, d'élever leur ame, de former leur cœur au sentiment de la justice et de l'humanité, de les instruire dans la pratique des devoirs de la royauté, des importantes fonctions auxquelles ils sont appelés par leur naissance, les entretiennent-ils dans des pratiques minutieuses et inutiles, les contiennent-ils dans des faits secs, stériles, décharnés? Pourquoi resserrent-ils leur ame, abattent ils leur courage? Pourquoi jettent ils un voile sur ces maximes belles, simples, nobles, lumineuses, amies de l'homme, qui prépareroient la gloire de leur règne et le bonheur de leurs sujets?

Pourquoi les ministres du Portugal abattent-ils le courage de leur jeune prince ? Pourquoi lui présentent ils des images effrayantes ? Pourquoi portent-ils la terreur dans son ame ? On pourroit en citer une foule d'exemples ; trois suffiront.

La cour étant à Quelus, au mois de janvier 1795, on vit deux inconnus qui se promenoient aux environs du palais ; on donna sur-le-champ l'alarme au prince ; on les présenta comme deux assassins ; on fit venir des troupes de Lisbonne ; on doubla les gardes, on multiplia les sentinelles ; on plaça des postes avancés ; on établit des patrouilles aux environs du palais et dans les campagnes voisines ; le prince resta enfermé dans son appartement pendant trois jours. Les deux inconnus étoient deux Anglois, arrivés la veille par le paquet-bot, et que la curiosité avoit amené dans le lieu où étoit la cour.

Au mois de janvier 1794, deux négocians françois MM. Carsenac et Gare, qui habitoient Lisbonne depuis long-tems et dont la conduite avoit toujours été irréprochable, revenoient d'une maison de campagne, où ils avoient dîné. Ils s'égarèrent dans la nuit; ils passèrent à Quelus; ils frappèrent à la porte d'un cabaret; ils y soupèrent; ils eurent une petite altercation avec l'hôte par rapport au prix de leur souper; ils le payèrent cependant et revinrent tout de suite à Lisbonne. Leur qualité de François, leur apparition nocturne dans un lieu où étoit la cour, leur discussion avec le maître du cabaret furent présentées au prince comme suspectes; ils furent regardés comme mal-intentionnés pour les jours de l'héritier de la couronne. Le bruit se répandit qu'on avoit voulu assassiner ce prince; ce bruit passa de la cour à la ville. Les deux François furent arrêtés dans la nuit, garrottés, jetés dans un cachot, embarqués, déportés, sans avoir la liberté de voir qui que ce fut, ni d'écrire même pour leurs affaires. On ignora leur sort jusqu'à ce qu'on apprit, long-tems après, qu'ils étoient à Livourne.

La cour assiste à la procession qui se fait à Lisbonne le jour de la Fête-Dieu. Tout étoit prêt pour cette cérémonie, en

1792; elle alloit commencer, lorsque l'intendant de police prétendit avoir reçu le ridicule avis que toutes les rues où la procession devoit passer étoient minées et remplies de poudre dans l'intention de faire sauter la cour. Ce magistrat, aussi prudent qu'éclairé, monta sur-le-champ dans sa voiture, et alla au devant du prince, qu'il trouva entrant à Lisbonne; il lui rendit un compte effrayant du complot tramé contre ses jours. Le jeune prince, effrayé, recula avec toute la vîtesse possible; la procession se fit sans lui, et les rues ne sautèrent point. Le murmure fut général, et le ridicule si complet, qu'on n'osa pas même faire fouiller les rues pour se convaincre de la vérité de l'avis qu'on disoit avoir reçu. On soupçonna que cet avis étoit controuvé dans la vue de se rendre de plus en plus intéressant et nécessaire.

## DESPOTISME MINISTÉRIEL.

Autant les tribunaux du Portugal sont lents dans l'administration de la justice, dans la recherche et dans la punition des crimes publics, autant le despotisme ministériel est précipité dans l'exercice de l'autorité la plus injuste et la plus arbitraire.

Les crimes publics, les crimes qui blessent l'ordre social, les crimes qui intéressent les biens et la vie des citoyens, ne sauroient émouvoir les dépositaires de l'autorité royale ; mais un propos qui blesse leurs individus ou leurs dignités, qui dévoile leurs intrigues ou leurs inconséquences, qui découvre l'abus de l'autorité qu'ils ont usurpée, les met en mouvement. Ils ne se bornent point à prononcer sur les faits ; ils jugent les intentions. Un soupçon leur suffit, une dénonciation sans preuves, sans indices, sans vraisemblance, détermine leur conduite.

Les accusés, les prévenus, les soupçonnés sont arrêtés dans l'instant, enfermés dans des cachots, privés de toute communication avec leurs amis, leurs familles. On s'empare de leurs papiers, sans en faire un inventaire en leur présence; il est facile d'y glisser ce qui n'y est pas, ou d'en soustraire des pièces importantes. Ces opérations sont toujours nocturnes.

Personne n'ose former des réclamations; chacun craint pour soi; chacun attend son tour en tremblant; les voisins, les amis, les parens craignent de paroître en être instruits; on n'en parle qu'à l'oreille, avec discrétion, et dans l'ombre du plus profond secret. On garde un morne silence, qui est presque toujours l'expression de la consternation et de la douleur.

Les malheureux prisonniers, abandonnés à eux mêmes, se tourmentent inutilement pour connoître la cause de leur détention. Ils n'ont pas même la consolation de pouvoir faire parvenir une requête, une réclamation au ministre, dont les ordres les ont privés de la liberté; leur voix ne peut se faire entendre; leur justification devient impossible. On a prononcé leur jugement sans procédure, sans informations, sans preuves, sans les avoir interrogés, sans les avoir écouté dans leurs défenses, sans les avoir convaincus ; on l'exécute sans leur donner seulement connoissance du motif de leur détention.

On les retient ordinairement long-tems en prison ; on les fait embarquer ensuite ; on les déporte : ni les uns, ni les autres ne savent où ils vont. On envoie les Portuguais dans les colonies de l'Amérique portuguaise, souvent dans les lieux les plus éloignés, les plus inhabités ; ils y arrivent sans y connoître personne, sans argent, sans aucune ressource pour y pourvoir à leur subsistance ; la plupart y périssent de misère. On envoie les étrangers dans les divers ports de la France, de l'Angleterre ou de l'Italie ; on ne les consulte point sur le lieu où ils veulent aller ; le hasard en décide ; lorsque le moment de les faire partir est arrivé, on les embarque dans le premier bâtiment qui doit mettre à la voile, quelque part qu'il aille.

On force les uns et les autres à payer leur passage ; le prix en est arrêté, à leur insu, par un greffier, qui ne marchande point, qui ne prend aucune précaution pour que les passagers soient bien traités, qui les abandonne durement à la merci des capitaines des bâtimens, qui est toujours de connivence avec ceux-ci, qui retient peut-être pour lui une portion du prix du passage. Si plusieurs prisonniers partent à la fois, on force celui qui a de l'argent à payer le passage de ceux qui n'en ont point.

Il est arrivé un fait encore plus odieux. Plus de quarante personnes, emprisonnées en différens tems, furent embarquées, en 1793, pour être envoyées en Italie; plusieurs des passagers étoient dans une impuissance absolue de payer leur passage. On parut compatir à la situation d'un d'entre eux, appelé Borrel, libraire à Lisbonne, qui n'avoit point d'argent sur lui lorsqu'il fut arrêté : on lui permit d'écrire à sa femme pour lui en demander; il en reçut cinquante monnoies d'or ou 1500 livres tournois; mais le géolier, exécutant les ordres de l'honnête intendant, s'en empara; il en paya le passage de ceux qui n'avoient rien et les dépenses qu'ils avoient faites en prison, et Borrel n'en toucha point une obole.

Pourra t-on croire qu'un gouvernement puisse s'abaisser à une pareille bassesse, à une pareille supercherie ; il devroit les punir dans un particulier, tandis qu'il se les permet lui-même ; le fait est cependant vrai : le libraire est à Gênes, et sa famille à Lisbonne.

Ces actes de despotisme se renouvellent tous les jours en Portugal ; les exemples que je pourrois en rapporter exciteroient un étonnement mêlé d'indignation. Toute ame vertueuse frémiroit ; tout homme honnête et judicieux s'éloigneroit d'un pays où les biens, l'honneur, la liberté sont en bute aux caprices de ministres qui violent ouvertement les loix les plus sacrées.

Des foules d'individus éprouvent tous les jours les mêmes traitemens sans qu'on en sache jamais les motifs. Les enlevemens nocturnes sont fréquens ; il n'est pas rare d'en voir de dix, de vingt, de trente, de quarante personnes à la fois. On ne sait point ce qu'elles deviennent jusqu'à ce qu'on apprenne, cinq ou six mois après, qu'on les a déportées en Amérique, en France, en Angleterre, en Italie. On les embarque toutes sur un même bâtiment, sans s'embarrasser s'il y a de la place ou non. C'est ce qui arriva en 1793, lorsqu'on renvoya le libraire Borrel ; on embarqua quarante-deux personnes, hommes et femmes, dont la plupart, ne pouvant se mettre à couvert, furent obligées à passer les jours et les nuits sur le pont pendant un voyage de six cents lieues.

On se conduisit de même en 1794, lorsqu'on arrêta ving-deux personnes, parmi lesquelles étoient des dames, des demoiselles, des enfans, le libraire Dubié, les négocians Gare et Carsenac, M. Matevon, négociant riche, estimable, recommandable sur-tout par les bienfaits qu'il répandoit sur les infortunés, notamment sur des émigrés françois.

Le gouvernement portugais exerce un despotisme pareil dans les affaires purement civiles.

Il n'est point rare qu'un ordre d'un ministre, donné sans examen, sans information, force des particuliers à se marier contre

contre leur gré, à former de liens qui exigent le consentement le plus libre. Il en sera question à l'article *mariages*.

Les ministres enlèvent souvent aux tribunaux la connoissance des procès civils, pour les juger eux-mêmes despotiquement, sans entendre les parties, et sans voir les pièces du procès. Ces jugemens sont rendus par un ordre de huit lignes, signé par le ministre au nom d'une reine que sa maladie rend inhabile au gouvernement et séquestre même de la société. Les parties, dépouillées de leurs biens avec une violence aussi révoltante, n'osent se plaindre ; elles n'osent même laisser échapper le moindre murmure ; elles en seroient bientôt punies par une longue et dure prison et par une déportation dans des contrées éloignées, d'où elles ne reviendroient jamais.

Ce gouvernement est non-seulement despotique ; il est encore inconséquent dans son despotisme.

Les ministres ont voulu paroître veiller avec la plus grande attention à ce que la doctrine de la révolution françoise ne se répandit point en Portugal. Ils ont pris souvent pour prétexte de l'emprisonnement et de l'expulsion de beaucoup d'individus, une intention supposée sans démonstration extérieure ; un mot lâché sans réflexion, un propos tenu sans dessein, un geste irréfléchi, ils les ont interprétés à leur gré et d'une manière conforme à leurs vues. Ce motif supposé a coloré souvent des vexations qui servoient leurs intérêts ou leur vengeance. Mais dans le tems qu'ils paroissoient vouloir donner la chasse aux amis de la révolution, ils les recevoient à bras ouverts, et refusoient l'entrée du Portugal aux émigrés françois.

Un Léglise (1), pris, en 1792, sur un bâtiment françois, qui étoit destiné à répandre la doctrine de la révolution fran-

---

(1) Léglise étoit officier à bord du vaisseau commandé par Dupetit Thouars ; et tout le monde sait que ce bâtiment étoit expédié à la recherche de l'infortuné Lapeyrouse ; qu'il ne devoit pas toucher au Brésil, et que ce n'est pas non plus là qu'il a été pris par les Portuguais.
*Note de l'éditeur.*

çoise dans le Brésil, conduit à Lisbonne, enfermé dans une prison pendant trois mois, est souffert dans cette ville; il y jouit d'une liberté entière et paisible; il y a été comblé de bienfaits par le gouvernement; il en a reçu, en 1794, une gratification de trente monnoies d'or, ou 900 livres tournois, et, en 1795, une pension de quarante monnoies d'or, ou 1200 livres tournois. On a paru vouloir le regarder et le traiter comme émigré; les ministres n'ignorent point cependant qu'il étoit au service de la république françoise et qu'il portoit la cocarde tricolore lorsqu'il fut arrêté et constitué prisonnier.

Un Ehrart, ci-devant médecin de la grande écurie du roi à Paris, arrivé à Lisbonne au mois de décembre 1793, avoit pris part à la révolution françoise; il avoit été de tous les clubs; il avoit rempli les charges de son district, de sa section; il avoit été en faction à la porte de la prison du roi au Temple; il avoit gardé ce prince dans les fers; il l'avoit gardé à l'échafaud, mêlé, le fusil sur l'épaule, avec la garde nationale. Il est cependant souffert à Lisbonne ; il y est même traité avec distinction par les ministres..... Mais il est à la suite de M. Becfort, riche Anglois, qui vient de s'établir en Portugal, et qui devoit épouser la batarde du marquis de Marialva, un des seigneurs les plus accrédités de la cour.

Un Broussonet, docteur en médecine, secrétaire de la société d'agriculture de Paris, avoit été membre de l'assemblée législative ; il avoit même tenu un rang marqué dans cette assemblée parmi les ennemis de la royauté ; il y avoit été le premier dénonciateur des royalistes de la Vendée. Il arriva à Lisbonne, en 1794, en costume jacobin, après la chûte et la mort de Robespierre (1) ; il y fut reçu ; il y fut accueilli avec empressement ; il y fut présenté par-tout, caressé, fêté..... Mais

---

(1) L'auteur s'est trompé ; on sait que le citoyen Broussonet est sorti de France quelque tems avant la mort de Robespierre : le citoyen Broussonet a d'ailleurs une mérite et des talens qui lui obtiendront par-tout les distictions dont l'auteur parle ici.

*Note de l'éditeur.*

Broussonet étoit protégé par le duc d'Alafoès, fils naturel du roi Jean V.

Ce n'est ici qu'une foible esquisse des actes d'iniquité des ministres de la cour de Portugal. Ils les renouvellent tous les jours; ils leur donnent une publicité révoltante. Loin de les couvrir de voiles épais, ils les développent au grand jour; ils bravent, sans honte et sans pudeur, l'opinion publique, le murmure des peuples, l'indignation des gens honnêtes, la censure des citoyens vertueux.

Les coups d'autorité des ministres frappent sur-tout sur cette classe d'hommes qui n'ont ni voix, ni défense, ni réclamation, sur des étrangers sans appui, sur des individus dont les familles, accablées par la terreur, n'osent faire entendre la voix de la vérité. Ils ne portent jamais sur les Anglois; l'autorité des ministres se briseroit contre l'énergie active et puissante de cette nation. Ils ne portoient point autrefois sur les François, lorsqu'il y avoit un ministre qui savoit faire respecter la puissance de cette nation.

Le règne actuel, ou mieux le ministère

actuel, depuis la maladie de la reine, a violé cependant les loix, le rang, le respect dû à la naissance, en la personne d'un prince de la maison régnante.

Selon les loix de Portugal, les officiers de justice ne peuvent entrer dans les maisons des grands, moins encore dans celles des princes du sang, sans un ordre exprès du souverain. Cependant des satellites de l'intendant de police, munis seulement d'un ordre de ce magistrat, s'introduisirent audacieusement, en 1793, dans le palais du duc de Cadaval; ils se mirent en devoir d'y fouiller pour y chercher de la contrebande. Le duc se présenta; il demanda à voir l'ordre de la reine, qu'on ne put lui présenter; il chassa ignominieusement les satellites de l'intendant qui avoient osé violer son palais. Le même jour il fut arrêté, comme le dernier des sujets de la reine de Portugal, conduit en prison, détenu pendant quinze jours, ensuite exilé.

Le duc de Cadaval est cependant le premier prince du sang, l'héritier présomptif de la couronne si le prince actuel meurt sans enfans. Il avoit soutenu la dignité de sa naissance et de son rang conformément aux loix du royaume ; mais il avoit osé résister à Manique, à l'intendant, au despote des despotes du Portugal : ce fut là son crime. Il en fut puni d'une manière scandaleuse, tandis qu'un châtiment plus sévère auroit dû être infligé à cet intendant audacieux qui avoit osé violer à la fois les loix de l'état et le respect dû au sang de ses rois.

Le tableau précédent peut donner lieu à des réflexions importantes.

On voit, d'un côté, des ministres qui ont le sot orgueil de croire que l'autorité royale, dont ils se couvrent, suffit pour légitimer leurs attentats, qui, entourés de vils esclaves, ne cessent de se rendre coupables de nouveaux actes de tyrannie, qui savent qu'ils ne peuvent échapper à la haine des peuples, mais qui consentent à être haïs, pourvu qu'ils soient craints.

D'un autre côté, on voit un peuple opprimé, qu'on empêche de se plaindre, par une atrocité contre laquelle il peut enfin se révolter, des divisions, des haines, des méfiances parmi les citoyens, suites nécessaires de l'espionnage, des délations et des abus d'autorité, des bassesses multipliées, colorées du nom de déférences extérieures, que l'orgueil, la tyrannie et la terreur imposent à la foiblesse, une nation entière rétrécie dans les bornes étroites de l'ignorance et de la pusillanimité, par l'effet d'un despotisme qui brise les ressorts et les élans du génie et du courage.

Que doit-il en arriver? Le peuple ne peut-il point secouer le joug qui l'opprime? Ne peut-il point briser les chaînes sous le poids desquelles il succombe? L'homme honnête, généreux, vertueux, qui mettroit de la modération et de la dignité dans ses remontrances, s'il lui étoit permis de s'expliquer avec liberté, ne peut-il point devenir tout à coup par la contrainte et le danger du châtiment, un séditieux, un révolutionnaire? La tyrannie peut le rendre coupable; il seroit un coupable d'autant plus dangereux, qu'il seroit plus recommandable par ses vertus. Les tyrans doivent trembler; la multiplicité de leurs injustices, de leurs violences, peut briser les liens de la correspondance entre le souverain et les sujets. Le souverain peut devenir lui-même la victime innocente des horreurs qui se sont commises en son nom, et qu'il n'a point ordonnées.

L'amour des Portugais pour leur prince préviendra ce malheur ; il les a contenus jusqu'ici ; il les contiendra jusqu'au tems où l'héritier du trône, devenu le légitime administrateur de ses états, anéantira les usurpateurs odieux de son autorité ; il les contiendra jusqu'au tems où ce prince, gouvernant par lui-même, fera revivre les loix sacrées de l'état, qu'ils les fera exécuter selon les principes de la modération, de la justice et de l'équité.

## CHAPITRE NÉCESSAIRE A LA SUITE DES PRÉCÉDENS.

La foiblesse opprimée par la violence, l'humanité dégradée par la tyrannie, la dignité de l'homme avilie sous le poids forcéné du despotisme ministériel, ne trouvent point de défenseurs. Les cœurs sont resserrés, les esprits comprimés, les courages abattus; la crainte imprime une contrainte générale; on n'ose parler, on n'ose agir; un silence morne, une consternation secrète, une inquiétude muette deviennent la seule expression de l'étonnement, de la douleur, d'une indignation contenue par la terreur.

L'homme de lettres peut seul défendre l'innocence opprimée, et dévoiler la marche criminelle des oppresseurs subalternes; il peut seul développer, aux yeux des peuples, aux yeux des souverains, l'énormité de leurs crimes, et soulever contre eux l'opinion publique et l'autorité légitime; il peut les perdre et les anéantir en déchirant le voile dont ils se couvrent, en enfonçant subitement le flambeau dans les ténèbres où ils cachent leurs forfaits.

Le despotisme persécute vainement l'homme de lettres; il ne peut que le contraindre en l'opprimant; il ne parvient jamais à éteindre dans ses mains le flambeau de la vérité.

L'homme de lettres opprimé se tait;

mais il observe en silence ; il contemple le jeu funeste des oppresseurs ; il éclaire leurs projets dans toutes leurs profondeurs. Dès qu'il peut prendre l'essor, il développe avec énergie des vérités puissantes ; il démasque la tyrannie subalterne, son orgueil, son insolence, ses détours, ses ruses, ses prétentions, ses entreprises, ses violences, ses excès, ses forfaits. En démasquant la tyrannie, il démasque les tyrans ; il offre, aux yeux des peuples étonnés, aux yeux des potentats abusés, des monstres, dont l'image, dont le souvenir, dont le nom seul inspirent la terreur et l'indignation ; il écrase leurs fronts sacrilèges sous les foudres sacrés de la vérité ; il les voue au mépris, à l'opprobre, à l'exécration de tous les siècles.

L'homme de lettres avertit les peuples de leurs devoirs envers leurs princes ; mais il leur apprend aussi qu'une liberté honnête et modérée par les loix est leur attribut le plus cher et le plus précieux.

En les rappelant à une soumission aveugle aux loix de l'état, il leur indique la barrière qu'ils peuvent opposer à l'infraction de ces loix.

Il leur indique les moyens d'éclairer leurs princes sur l'abus que les subalternes font de l'autorité qu'ils leur ont confiée, d'anéantir ces tyrans en sous ordre, ces despotes secondaires qui n'ont d'autres règles que leurs caprices, d'autres loix que leur volonté, qui sacrifient les intérêts de leur souverain, le bonheur des peuples, à leurs intérêts personnels, qui trompent tous les jours leurs princes, qui sèment la méfiance entre eux et leurs sujets, qui rendent les premiers des oppresseurs les derniers des esclaves.

Il donne à ces mêmes peuples le courage d'élever leur voix, de la faire parvenir jusqu'au trône, de franchir les barrières dont le despotisme ministériel l'environne, de parler avec la noblesse, la dignité, la fermeté qui caractérisent un peuple libre, sans s'écarter de ce qu'ils doivent à leur souverain.

Les loix sont le guide et l'égide des uns et des autres; elles sont le fondement de la puissance des rois ; elles dirigent l'obéissance des peuples, et sont le principe de leur bonheur.

Les princes qui règnent par les loix deviennent un objet de vénération pour les peuples ; ils se préparent un nom qui ne sera prononcé qu'avec respect par la postérité. Les peuples qui obéissent aux loix préparent un règne heureux aux princes qui les gouvernent.

Les princes doivent toujours vouloir le bonheur de leurs sujets ; les peuples veulent toujours la gloire de leurs princes ; mais les premiers sont souvent trompés, induits en erreur par les ministres qui les entourent ; ils peuvent alors enfreindre les loix ; ils peuvent tenter de subordonner les principes de droiture, de justice, d'équité, aux caprices, aux intérêts de leurs conseillers perfides. Ils intervertissent ainsi l'ordre social ; ils bouleversent les loix de l'empire ; ils font, d'un peuple libre, un peuple d'esclaves ; ils détruisent le fondement de leur gloire et de leur puissance.

Le peuple opprimé gémit et se tait ; s'il murmure, il n'accuse jamais son prince ; il n'inculpe que des ministres infidelles ;

il se soumet ; il obéit ; il attend que le prince, éclairé sur ses intérêts, sur les injustices qu'on lui fait commettre, sur l'iniquité des actes de despotisme qu'on lui arrache, reprenne cette énergie prudente et raisonnée qui est la base de l'amour d'un père de famille pour ses enfans. Son courage s'abat ; il reste sans force, sans énergie ; sa tête s'appésantit sous le joug qui l'opprime. S'il venoit à se réveiller, son réveil pourroit être le réveil du lion.

L'homme de lettres peut seul annoncer aux potentats ces terribles vérités ; il peut leur dire qu'ils ne règnent que par leurs peuples, qu'ils ne sont heureux que par l'amour de leurs peuples, que la félicité de ceux-ci fait la gloire de leur règne, que le courage de leurs peuples est l'unique gardien de leur trône, qu'en l'éteignant ils font disparoître le principe de leur force, qu'ils l'étouffent par l'infraction des loix, qu'un peuple opprimé devient mol, lâche, sans ame, sans énergie, sans courage, qu'il ne peut contribuer à soutenir les fondemens du trône, la dignité de son prince, la majesté de son souverain.

L'homme de lettres peut leur rappeler encore que les coups d'autorité, contraires à l'essence des loix, épouvantent la liberté des citoyens, qu'ils avilissent l'ame, qu'ils resserrent le cœur, qu'ils oppriment le génie, qu'ils anéantissent le rapport entre le trône et les sujets, qu'ils renversent la correspondance entre le prince et les peuples, qu'ils détruisent les liens sacrés de leurs devoirs réciproques.

L'homme de lettres peut les prémunir contre les conseils intéressés, perfides, dangereux, de ces ministres infidelles qui veulent tuer la pensée jusques dans son sanctuaire, qui veulent gêner la liberté des citoyens jusques dans leurs affections particulières, qui bouleversent les loix, les fortunes; qui, ne craignant ni la honte, ni la publicité, ni le tribunal de leur conscience, affichent l'intolérance civile et le mépris du droit de propriété, qui bravent la censure publique, qui attentent arbitrairement à la liberté des citoyens, à l'honneur des familles, à la tranquillité des peuples.

L'homme de lettres peut réveiller en même tems la voix publique, lui ouvrir les avenues du trône, développer, aux yeux du prince, cette droiture, cette force, cette énergie qu'elle a toujours. Cette voix ne s'égare presque jamais; on retrouve, même dans ses écarts, un fond de justice, d'équité, de droiture. Un prince juste et sage la redresse aisément, en démêlant ce qu'elle a de juste, d'avec ce qu'elle a d'outré dans ses prétentions; en obtenant le premier, elle se départ du dernier.

C'est l'intérêt des souverains, c'est l'intérêt des peuples qui dirigent ici ma plume. Puissent les uns et les autres, fidelles à leurs devoirs, trouver, dans leur réciprocité, le fondement de la gloire des uns et la base du bonheur des autres!

Puisse ce livre parvenir jusqu'au prince qui est destiné à gouverner le Portugal! puissent les détails qu'il contient lui présenter le tableau révoltant de la conduite odieuse de ses ministres, de l'oppression,
de

de l'avilissement, de la nullité de ses peuples ! son cœur, ouvert à la vérité, éclairé sur ses intérêts, repousseroit avec horreur les perfides agens qui ont tant de fois abusé de sa confiance, qui ont tant de fois compromis son nom et son autorité. Sa justice les anéantiroit sous le poids de son indignation ; il les puniroit de leurs forfaits ; il tendroit à ses sujets une main paternelle ; il leur feroit oublier, par ses bienfaits, par la douceur de son gouvernement, par la justice de son administration, l'oppression dans laquelle ils ont gémi sous le joug humiliant et vexatoire de ministres infidelles ; l'amour dont ils sont pénétrés pour sa personne, leur feroit trouver, dans cet acte de justice, un témoignage éclatant de sa bienfaisance.

## PEUPLE.

Un peuple nombreux habite Lisbonne ; mais ce peuple est écrasé sous le fardeau journalier de l'indigence.

La misère s'y présente par-tout sous les formes les plus hideuses. On n'y voit que des visages pâles, flétris, décharnés, des corps exténués, languissans, à peine vêtus, couverts de haillons, des enfans presque nus, des mères dont le sein épuisé se refuse à fournir la subsistance à un enfant dont la bouche affamée l'appelle à grands cris, des barraques basses, écrasées, resserrées, dont les toits entr'ouverts laissent échapper dans les airs le cri de l'infortune et du besoin.

L'homme du peuple travaille; mais le produit de son travail suffit à peine à sa subsistance; il lui est payé à trop bas prix, dans une ville sur-tout où les denrées de première nécessité deviennent excessivement chères par les frais d'importation et par les impôts dont elles sont grêvées, dans une ville où les jours de fête sont très-multipliés et diminuent le nombre des jours de travail, dans une ville où des entraves, renouvellées sous toutes les formes possibles, nuisent au développement de l'industrie, dans une ville, enfin, où le manouvrier est excédé de fatigue par les rondas et les postes à crécerelles auxquels on l'emploie fréquemment.

Ce peuple, courbé sous le poids presque éternel des fatigues et des travaux, n'y trouve pas seulement les moyens d'exister. Un jour de fête est pour lui un jour où l'indigence et le besoin le frappent avec plus de violence ; deux jours de cessation de travail le jettent dans la misère la plus affreuse. Il ne sait jamais la veille si son travail lui fournira de quoi subsister le lendemain.

Les jours même où il travaille ne le rendent pas plus heureux. Le père de famille, épuisé des fatigues de la journée, ne peut réparer ses forces abattues ; il doit partager le modique salaire qu'il a reçu, avec une femme, avec des enfans ; ils y trouvent à peine, les uns et les autres, de quoi soutenir une existence incertaine, toujours débile et languissante. L'homme déja vieux et souvent décrépit à cinquante ans, succombe sous les travaux journaliers d'une vie active et pénible, et n'entrevoit aucune ressource pour sa vieillesse.

En général, les horreurs de la misère investissent de tous les côtés le peuple de Lisbonne. Le besoin l'avilit ; la langueur le consume ; le travail l'épuise ; une honteuse mendicité est enfin l'unique ressource d'une foule immense d'hommes qui ont passé les deux tiers de leur vie à tourmenter infructueusement leur existence.

On chercheroit vainement à Lisbonne ces actes de bienfaisance qui préviennent les larmes de l'infortune et le désespoir du pauvre, qui arrachent à l'abandon cette portion du peuple qui est assaillie par la misère et par l'impuissance d'en sortir, qui relèvent le courage du pauvre en l'animant au travail, qui préviennent l'oisiveté de l'enfance et les infirmités de la vieillesse.

Cette ville opulente n'a aucun établissement en faveur des pauvres ; elle n'a aucune association, aucun hospice, aucune maison, où l'on adoucisse leur indigence; les paroisses ne leur fournissent aucun secours; la police, le gouvernement les abandonnent ; ils n'ont point la sage politique de leur procurer un moyen de subsister en les employant aux travaux publics, lorsque le mauvais tems, la cessation forcée du travail, les jette tout à coup dans l'indigence la plus absolue, dans le dénuement le plus complet.

Le pauvre, abandonné à la merci du riche, n'y trouve pas plus de secours ; celui-ci profite, au contraire, de sa misère ; il marchande la sueur du manouvrier ; il diminue son salaire à proportion des besoins qu'il lui connoît : sa bourse ne s'ouvre jamais au cri de l'infortune ; jamais elle ne s'ouvre pour secourir un ménage que l'indigence jette dans le désespoir ; jamais elle ne s'ouvre pour un père de famille auquel un léger encouragement frayeroit la voie de fournir une subsistance à une femme, à des enfans. Le riche se croit acquitté de ses devoirs en distribuant avec parcimonie quelques pièces de monnoie à quelques-uns des mendians qu'il rencontre ou qui se présentent à sa porte.

L'opulence des moines de Lisbonne pourroit leur fournir les moyens d'exercer cette charité active et prévenante qui est prescrite par la religion qu'ils professent ; mais leur charité ne pénètre jamais dans l'intérieur des ménages ; elle ne va jamais chercher la pauvreté sur le grabat où elle déploie son existence ; elle ne prévient jamais les besoins d'une famille éplorée dont l'existence est un fardeau, que l'infortune peut précipiter dans le désordre, que le désespoir peut forcer à des bassesses, souvent voisines du crime. Ils se croient quittes envers les pauvres en faisant distribuer, une fois tous les jours, à la porte de leurs couvens, quelques écueillées de soupe aux malheureux qui s'y présentent ; eh ! quelle soupe, grand Dieu ! ce n'est souvent qu'un amas de vieilles croutes détrempées dans la lavure des assiettes du réfectoire.

Où est donc cette sage prévoyance du gouvernement qui néglige la portion la plus nombreuse de son peuple, celle qui soutient et propage le plus la population, celle qui fait le principal appui de sa puissance, celle qui fait la force de ses armées, celle qui fournit des sujets à l'agriculture, à la marine, aux arts ? Où est cette sage prévoyance qui doit protéger le foible contre le puissant, le pauvre contre le riche, qui doit empêcher les uns d'abuser de leur opulence, et les autres de périr sous le fardeau accablant de la misère.

Ce gouvernement fonde des monastères, et il laisse ses peuples sans asyles; il dote des couvens, et il ne fait point d'établissemens où la misère puisse reposer sa tête; il répand ses bienfaits sur des moines aussi inutiles qu'opulens, et il retire sa main lorsque l'indigence laborieuse vient les solliciter.

Où est encore ce principe d'humanité? où est cette charité chrétienne, ce premier précepte de la loi de Dieu qui impose au riche le devoir de secourir l'indigent?

Quel est le but principal de l'institution des corps religieux? Quelle est la première destination des biens qu'ils ont reçu des fidelles? Quelle est la première loi qu'ils se sont imposée en les recevant? Ont-ils oublié qu'ils n'en sont que les administrateurs, que leurs biens sont les biens des pauvres, qu'en les détournant à d'autres usages, ils contreviennent à la loi naturelle, à la loi de l'église, à la loi du Seigneur, à l'intention de leurs bienfaiteurs?

Ils s'aveuglent vainement les uns et les autres : leur charité mesquine et imparfaite ne sauroit étouffer cette voix secrète qui doit s'élever quelquefois dans leur cœur; qui doit leur présenter le cri du devoir, celui de la justice, autant que celui de la pitié, à laquelle cependant ils résistent, à laquelle ils refusent d'obéir. Cette voix intime sera leur premier accusateur, comme leur premier juge, leur juge incorruptible; elle leur reprochera les maux qu'ils auroient pu empêcher, les maux dont leur dureté aura été la cause. Leur conscience, ce sentiment profond, ce sentiment durable, que rien ne peut éteindre, s'élevera contre eux; mais alors il n'en sera plus tems; ils seront vainement accablés de remords au moment de ce passage terrible et redoutable où ils rendront compte de leurs actions au juge suprême du ciel et de la terre.

La misère influe singulièrement sur le physique et le moral des peuples. Cette influence est sensible sur le peuple de Lisbonne : il est mou, pâle, petit, rabougri ; il est sérieux, soucieux, inquiet ; l'indigence ne peut rabattre son orgueil ; mais il est orgueilleux sans courage. Il porte à la fois les fers honteux de l'esclavage et le fardeau accablant de la misère. On l'écrase comme un insecte dès qu'il ose lever la tête ; il tremble à la voix, à la vue de l'agent le plus subalterne de la police : c'est sur lui sur-tout que s'exerce le despotisme le plus violent et le plus inique. Qu'en résulte-t-il ? un peuple sans ame, sans énergie, sans courage, un peuple sans force, sans caractère, sans volonté, le peuple le plus timide, le plus lâche de l'univers, un peuple esclave, un peuple avili.

Ce peuple est très-vicieux ; il est voleur ; il est assassin. Il s'approprie ce qui lui tombe sous sa main ; il l'arrache par la violence lorsqu'il croit pouvoir le faire sans danger. Le couteau est son arme favorite ; il s'en sert fréquemment pour venger ses injures et pour faciliter ses larcins. Mais soyons justes ; ce peuple n'a qu'une existence précaire ; ce peuple manque souvent du plus stricte nécessaire ; la misère le réduit au désespoir ; sa première loi, sa loi la plus urgente est de soutenir son existence ; le besoin le force à s'en procurer les moyens comme il les trouve.

L'indigence conduit souvent au crime ; et c'est peut-être à l'indigence que le peuple de Lisbonne doit son penchant au crime. Ce peuple seroit peut-être un fidelle observateur des loix, si les loix le protégeoient ; mais les loix l'abandonnent : ses mains sont vides : les ministres des loix le repoussent ; il est foible, sans force, sans appui : les ministres des loix l'accablent sous un joug de fer.

Ce peuple conserve sa lâcheté dans le crime ; il n'attaque jamais à force ouverte : il frappe en traître ; il n'attaque jamais un homme armé ; il craindroit une résistance qui pourroit lui devenir funeste : il attaque rarement un étranger, qui se défend presque toujours ; ses coups portent sur ses concitoyens, sur les Portuguais, aussi lâches, aussi tremblans que ceux qui les attaquent.

## MENDIANS.

Si les mendians annoncent un vice dans les gouvernemens, si leur nombre fait autant de taches dans la législation d'un peuple, on concevra une mauvaise opinion du gouvernement portuguais.

Lisbonne est rempli de mendians. L'œil de l'étranger y est désagréablement frappé de leur nombre excessif; ils se multiplient de tous les côtés; ils se reproduisent dans tous les lieux; on en est assailli dans les rues, sur les places, dans les boutiques, aux portes des églises; ils entrent dans le temple du Seigneur; ils y interrompent les prières des fidelles par leurs demandes importunes. Ils montent dans les maisons; ils frappent à toutes les portes; un domestique suffit à peine quelquefois pour répondre à leurs importunités.

On rencontre par-tout de ces objets sales et dégoûtans, qui, loin de déterminer la pitié, repoussent la main charitable par le dégoût qu'ils inspirent; dans le tems que leurs demandes traînantes et plaintives fatiguent l'oreille, une malpropreté, rongée de vermine, épouvante les yeux et soulève le cœur.

Des hommes, des femmes de tous les âges font ce métier; c'en est un pour eux; ils en contractent l'habitude; ils trouvent dans la charité, quoique mesquine, des Portuguais, un moyen de vivre dans l'oisiveté; ils y accoutument de bonne heure des enfans, qui, élevés ainsi dans l'usage de demander, ne peuvent jamais prendre l'habitude du travail, et ne rougissent plus de tendre la main.

S'il en est parmi eux qui, affaissés sous le poids du malheur, des infirmités, de la vieillesse, de l'impuissance pour le travail, méritent d'exciter la charité des fidelles; il en est un bien plus grand nombre, qui, jeunes, valides, bien portans, en état de travailler, cherchent à tromper la compassion, à surprendre la libéralité, qui prélèvent ainsi, sur la sensibilité publique, un impôt qui devroit être réservé à ceux de la première classe.

Les Portuguais ne font aucune distinction. Tout mendiant est un pauvre à leurs yeux; tout mendiant, valide ou impotent, a un droit égal à leurs charités; ils ne veulent point convenir qu'ils entretiennent ainsi le désœuvrement, l'oisiveté, les vices qui en sont la suite. Leur charité n'est point cependant bien généreuse; elle s'étend tout au plus à 5 rais, ou 7 deniers et demi tournois pour chaque pauvre qu'ils jugent digne de leur compassion; souvent ils ne leur donnent que 3 rais, ou 4 deniers et demi. Il paroît qu'ils ne peuvent donner moins, n'y ayant point de pièce de monnoie au-dessous de celle de 3 rais; mais ils trouvent une tournure adroite, propre à diminuer encore leur charité, quoique déja bien mesquine; ils donnent à un pauvre une pièce de 5 rais, et s'en font rendre une de 3 rais; ils bornent ainsi leur aumône à 2 rais, ou 3 deniers.

Les étrangers savent mieux distribuer leurs aumônes; ils ne donnent point indistinctement à tous les mendians; ils donnent moins souvent; mais leur charité est bien plus généreuse; aussi les pauvres s'attachent principalement à eux; ils les assaillissent de préférence aux Portugais;

ils redoublent auprès d'eux leurs importunités; ils les suivent de rue en rue, jusqu'à ce qu'ils aient arraché à leur impatience ce que leur charité bien dirigée auroit retenu dans leurs mains pour l'employer avec plus de discernement et plus de fruits.

Le gouvernement, la police négligent absolument cet objet; ils n'ont jamais rien fait pour supprimer, pour diminuer, pour restreindre la mendicité ; ils n'apperçoivent point les inconveniens nombreux qui en résultent, ou, s'ils les connoissent, ils n'en restent pas moins dans une honteuse apathie.

## PRISONS.

C'est ici que l'humanité doit se révolter; c'est ici que le cri de la charité chrétienne, de l'amour pour le prochain doit se faire entendre ; tout le despotisme des tyrans subalternes du Portugal ne sauroit l'étouffer (1).

---

(1) « Les prisons de Lisbonne sont le séjour de la barbarie

Il n'est rien de plus affreux que les prisons de Lisbonne, l'homme honnête, mais infortuné, y est confondu avec les bri-

et du désespoir ; on en sort ruiné si l'on est innocent ; ruiné et absous si l'on est coupable..... Le *Limœcro* est la prison publique de Lisbonne, remplie ordinairement de quatre ou cinq mille malheureux. Les criminels d'état, les nobles, les officiers, depuis même le grade de lieutenans-généraux, que l'on veut punir pour des fautes graves ou légères indifféremment, les débiteurs, les étrangers y sont mêlés avec les plus grands malfaiteurs sans distinction de rang, ni de traitement, que selon ce qu'ils peuvent payer au géolier, et plus ils sont riches et plus on les maltraite pour en tirer davantage ; il est ruineux pour les gens riches d'être mis en prison. Les pauvres y sont à la merci de la charité publique, car le roi ne paie rien pour les prisonniers ; c'est pour cela que l'on emprisonne tant de monde et avec tant de légéreté. Il y a d'autres prisons secrètes d'état bien plus effroyables, séjour des tourmens et du désespoir ; ce sont des souterrains au niveau ou au-dessous même de la rivière dans les tours de Saint-Vincent, de Saint-Julien et de Bugio, dans lesquelles languissent sans espérance de revoir jamais le jour, beaucoup de *fidalgos*, chefs des premières familles, victimes lentes et irrévocables de la politique, de la justice, de la force ou du despotisme. La disparition et les enlèvemens perpétuels de personnages connus impriment un effroi et une consternation dans Lisbonne et le Portugal, dont je ne vois pas de plus fidelle peinture que celle que Narbal fait à Télémaque de l'état de Tyr sous le gouvernement du tyran Pigmalion. »

*Etat présent du royaume de Portugal.*

gands, avec les scélérats qui ont mérité plusieurs fois la mort, dont la vue seule est un supplice. Il est enfermé avec eux; il partage avec eux le peu de paille qu'on leur accorde; encore quelle paille? on ne la renouvelle qu'une fois tous les ans; elle est pressée, foulée par la foule des individus, qui se succèdent, qui y marchent, qui s'y couchent; elle est imbibée de leur sueur, de leurs crachats, de leurs urines; elle est toujours humide, corrompue, pourrie, infecte : les malheureux enfermés dans ces lieux n'ont pas d'autre grabat.

On les amoncèle dans le même lieu; dans un lieu qui n'a souvent d'autre ouverture que celle de la porte, qu'on n'ouvre qu'un instant chaque jour, qui n'a tout au plus qu'une fenêtre très-petite, rapétissée encore par la double grille dont elle est armée; dans un lieu dont l'air, déja infecté par les émanations des corps qui y sont renfermés, par les corpuscules putrides qui s'élèvent de leurs grabats, ne se renouvelle jamais.

Ces malheureux, dès le moment de leur entrée

entrée dans ces prisons, sont absolument séquestrés de la société ; ils sont privés de toute communication avec leurs conseils ; ils n'ont pas même la satisfaction de pouvoir faire parvenir des demandes, des requêtes, des représentations, des réclamations aux supérieurs qui les ont fait enfermer, aux juges qui sont chargés d'instruire leurs procès.

Ils n'y reçoivent jamais la visite d'aucun juge, d'aucun commissaire, d'aucun officier préposé à la police des prisons. Ils y sont absolument à la merci d'un géolier, toujours impitoyable pour ceux qui sont hors d'état de payer leurs complaisances; cependant ils y sont toujours pour longtems.

Dès qu'ils sont en prison on les oublie. Si leur prison n'est qu'un objet de correction, on n'en fixe jamais la durée ; elle est arbitraire, et sujette à la mémoire ou au caprice de celui qui l'a ordonnée. S'ils sont accusés de quelque crime, leur détention est encore plus longue ; on passe quelquefois un an sans commencer l'instruction de leur procès ; on passe toujours quatre ou cinq ans avant de le juger.

On ne pourvoit en aucune manière à la subsistance des malheureux prisonniers. Ceux d'entre eux qui n'ont pas de quoi payer, et c'est le très-grand nombre, passent quelquefois deux ou trois jours sans manger; ils n'ont d'autres ressources que quelques aumônes, toujours incertaines, toujours insuffisantes par rapport au grand nombre, que quelques ames charitables font pénétrer dans le fond de leurs cachots.

Une association de personnes pieuses s'est formée pour leur fournir la subsistance une fois toutes les semaines. On parcourt tous les dimanches les rues de Lisbonne; on porte des corbeilles remplies de pain, de grandes marmittes pleines de viande et de légumes; on se rend dans les différentes prisons, qui sont assez nombreuses; on en fait une distribution égale à tous ceux qui y sont détenus. Ce spectacle rappelle au peuple la triste situation et le besoin des prisonniers; il provoque sa charité; il provoque ses aumônes. On recueille ainsi de quoi soutenir cet utile établissement.

Comment un gouvernement qui bâtit des églises, qui fonde des monastères, qui rente des moines et des religieuses, qui dote une seule église de plus de deux millions de livres tournois de revenu, ne pourvoit-il point à la subsistance des malheureux qui languissent dans les prisons, et ne peuvent y subvenir ni par leur travail, ni par le secours de leurs familles ?

Comment ce gouvernement, si attentif à multiplier les espions, à écouter les délateurs, à punir les détracteurs de ses ministres, ne se fait-il point instruire de ce qui se passe dans les prisons, n'établit-il point une surveillance pour leur police, ne surveille-t-il point lui-même ceux qui peuvent en être chargés ?

Comment ce gouvernement, qui se dit un des plus chrétiens, un des plus catholiques de l'Europe, un des plus fidelles à l'église, qui se livre avec tant de zèle à l'exercice extérieur des pratiques religieuses, qui multiplie les messes, les sermons, les fêtes des églises, peut-il négliger un des premiers devoirs de la charité chrétienne, un des premiers préceptes de la religion qu'il professe ?

Il arracheroit cependant aux douleurs, aux souffrances, à la misère, aux maladies, à la mort, une foule d'individus qui deviennent les victimes de l'oubli qu'ils éprouvent, des besoins qu'ils ressentent, de l'air infect qu'ils respirent.

Lisbonne a une foule de riches monastères : les dominicains, les carmes, les augustins y sont riches ; les jéronimites, les paolistes, les bénédictins, les chanoines réguliers de Saint-Augustin y possèdent des revenus immenses (1) ; les moines mendians eux-mêmes y jouissent d'un superflu considérable (2) ; cependant aucun de ces monastères ne vient au secours des mal-

---

(1) On évalue à 80,000 livres tournois le revenu annuel des jéronimites, à 60,000 celui des paolistes, à 70,000 celui des bénédictins, à 300,000 celui des chanoines réguliers.

(2) Outre les aumônes qu'ils reçoivent journellement, ils possèdent presque tous des bienfonds, sur-tout beaucoup de maisons à Lisbonne, qui leur rapportent des sommes considérables.

heureux qui languissent dans les horreurs de la prison, du délaissement et de la misère. Où est donc cette charité évangélique qu'ils sont chargés de prêcher aux peuples, et dont ils devroient donner le premier exemple?

## CRIMES ET CRIMINELS.

Les crimes demeurent impunis en Portugal, tandis que les fautes légères, souvent supposées, sont punies avec une atrocité révoltante. Les premiers sont du ressort des tribunaux, les ministres du souverain, dont ils ne blessent ni l'amour-propre, ni l'autorité, laissent faire le cours de la justice : les dernières sont jugées avec beaucoup de précipitation, de légéreté, de sévérité, par ces mêmes ministres, qui sont presque toujours à la fois juges et parties.

La négligence des tribunaux, la lenteur des procédures, le dépérissement des preuves qui en résulte, la facilité avec laquelle on obtient la grace des criminels, contribuent à l'impunité des crimes les plus atroces.

Par un contraste frappant, la prévention des ministres, leur despotisme, la crainte de voir diminuer leur autorité, la crainte qu'on ne dévoile l'abus qu'ils en font, grossissent à leurs yeux un propos équivoque, une action indifférente ; ils supposent des intentions ; ils punissent sur-le-champ, sans information, sans examen, sans preuves, sans conviction ; ils affligent des châtimens réservés par la loi aux seuls cimes graves qui intéressent l'ordre public.

Le criminel a le droit de se défendre : ce droit est refusé à l'homme honnête suspecté par le ministère.

Le premier trouve des protecteurs : personne n'ose s'intéresser au dernier ; chacun craint de déplaire aux ministres, de s'attirer leur indignation, d'en devenir la victime innocente.

Le premier échappe aux peines qu'il a méritées, aux peines prononcées par la loi ; le dernier subit les peines qu'il n'a point encourues, les peines qui sont défendues par la loi.

Le premier est élargi; il est exempt de châtiment quoique coupable : le dernier est détenu; il est châtié quoique innocent.

Mais le premier n'a fait que troubler l'ordre public; c'est une faute légère : le dernier a déplu aux ministres du souverain; c'est un crime grave.

Les criminels sont détenus en prison pendant très-long-tems. On commence fort tard à instruire leur procédure; on la continue avec beaucoup de lenteur. On laisse ainsi dépérir les preuves; on ne peut ni convaincre les coupables, ni les punir. On est forcé à déclarer innocens ceux que la notoriété publique condamne; on leur ouvre les portes des prisons; on laisse rentrer dans la société des scélérats qui doivent bientôt la troubler par de nouveaux forfaits.

Un autre abus autorise l'impunité; souvent on n'instruit la procédure qu'autant que la personne intéressée se constitue accusateur, qu'elle devient partie, qu'elle prend à sa charge les frais de la procedure.

Alors le procès s'instruit plus ou moins vîte, selon l'activité que l'accusateur met à la poursuite; selon qu'il est plus ou moins disposé à donner de l'argent; mais s'il n'y a point d'accusateur, si celui-ci ne paie point les frais, la procédure languit ou elle ne s'instruit jamais. Après quatre ou cinq ans, on relâche le coupable; on inonde ainsi la société de malfaiteurs.

On punit rarement de mort en Portugal; parce que par le vice, non de la procédure, mais de ceux qui sont chargés de l'instruire; on acquiert très-rarement des preuves suffisantes; si l'on y parvient, dès qu'un criminel est condamné à la mort, les moines, les religieuses, les femmes de la cour se mettent en mouvement et parviennent, par des importunités pressantes, à obtenir sa grace.

On regarde comme une œuvre méritoire de sauver la vie à un assassin, à un scélérat, à un monstre, qui est condamné par la loi de Dieu, par la loi naturelle, par les loix du pays, par le vœu des peuples, et on voit avec indifférence un homme honnête, un père de famille, un innocent, devenir, contre la loi de Dieu, contre la loi naturelle, contre les loix du pays, contre le vœu des peuples, la victime infortunée du caprice, de la prévention, de la vengeance d'un intendant de police, d'un ministre, et tomber sous les coups de leur despotisme.

Un autre usage règne en Portugal; il n'est ni moins singulier, ni moins révoltant. L'accusateur, le proche parent de l'homme tué, assassiné, demeure le maître de la vie du coupable. S'il lui pardonne son crime, même au pied de la potence, on surseoit à l'exécution ; on en rend compte au prince, qui accorde sur-le-champ la grace au criminel : si, au contraire, il refuse absolument le pardon, le prince ne peut l'accorder; le criminel doit subir le supplice désigné par les loix.

Il est difficile de pouvoir résister aux sollicitations nombreuses, puissantes et pressantes des prêtres, des moines, des femmes de la cour, de toutes les personnes qui se mettent en mouvement pour sauver le coupable. Le père ne peut venger le meurtre de son fils, le fils celui de son père, l'épouse celui de son mari. On assaillit la partie intéressée à la punition du coupable ; on ne lui laisse pas un instant de repos ; on le flatte, on le menace tour à tour. Malheur à celui qui ose s'y refuser ; on conspire sa perte ; on se réunit pour l'anéantir ; on le poursuit sans relâche. Il ne peut échapper à la vengeance peu chrétienne des prêtres et des moines, des ministres du Seigneur, à l'amour-propre révolté des femmes ; il succombe bientôt sous les coups redoublés qu'on lui porte : les exemples en sont multipliés.

## COMESTIBLES.

Le Portugal, avec un sol fertile, qui ne demande qu'à être mis en valeur, qui est capable de tout produire, manque de tout ; il tire presque tout de l'étranger.

A peine a-t-il du bled pour trois mois, de l'huile pour cinq ou six mois, des légumes en grain pour trois ou quatre mois. Les herbages, les légumes herbacés y sont assez rares; ceux de la bonne espèce ne sont cultivés que dans les jardins de quelques particuliers, et pour leur usage. On n'y trouve en abondance que quelques espèces de fruits, des citrons, des oranges, des figues, des raisins. Les bonnes prunes, les bonnes poires, les bonnes pêches, les bons abricots, les fraises n'y sont pas communs; à peine y trouve-t-on quelques framboises; il n'y a ni groseilles, ni bonnes pommes, ni bons fruits d'hiver.

Il faut faire venir le bled des côtes d'Afrique, de l'Italie, de l'Angleterre, de la France, l'huile de l'Italie, le riz du Levant, les haricots secs de la Hollande, les bœufs et les moutons de différens pays étrangers, sur-tout du royaume de Maroc (1).

---

(1) On consomme ordinairement tous les ans à Lisbonne :

25,718 bœufs, pesant 321,083 arobas, ou environ 97,128 quintaux poids de marc.

22,966 moutons, pesant 16,192 arobas, ou environ 4,899 quintaux poids de marc.

8,346 cochons, pesant 27,772 arobas, ou environ 6,424 quintaux poids de marc.

On n'élève point de vaches en Portugal ; on n'y fait ni beurre, ni fromage ; on tire le premier de l'Irlande, le dernier de la Hollande et de l'Angleterre ; cependant la consommation de l'un et de l'autre y est prodigieuse.

Un usage abusif maintient souvent la disette au milieu de l'abondance. Les négocians qui ont fait venir du bled, ne peuvent le vendre ainsi et comme ils le veulent ; ils doivent le porter au dépôt public : il n'est point aisé d'en obtenir la permission ; ils doivent attendre leur tour ; lorsqu'il est même arrivé, ils doivent recourir à des protections, ou répandre secrètement de l'argent. Le bled s'y vend petit à petit ; ceux qui en ont fait venir des provisions courent risque de le perdre. Le défaut de concurrence fait toujours maintenir le bled et le pain à un prix trop haut.

Lisbonne étoit menacé d'une disette en 1794. Plusieurs négocians firent des spéculations ; bientôt beaucoup de navires arrivèrent presqu'en même tems, chargés de bled ; si les propriétaires avoient eu la liberté de le vendre, le prix en auroit diminué sur-le-champ, ainsi que celui du pain ; mais le prix s'en soutint au même taux ; une partie de ce bled se gata ; les négocians se dégoûtèrent d'un commerce où ils étoient trop exposés à perdre. Il est à craindre que, dans une autre occasion d'une disette imminente, on manque de moyens et de ressources pour approvisionner le Portugal.

Lisbonne a une population de trois cents mille ames ; sa consommation est immense ; son approvisionnement est toujours incertain ; il dépend des vents et de l'arrivée des navires qui viennent de loin. En tems de guerre, deux vaisseaux qui empêcheroient l'entrée de la rivière affameroient bientôt cette ville.

On n'y trouve que très-peu de ces alimens, que la délicatesse recherche, que le rafinement du luxe et l'amour du gain amènent abondamment dans les grandes villes. Le gibier n'y est pas commun ; les bons fruits y sont très-rares ; on s'y procure difficilement de bonnes asperges, de bonnes cardes, de bons choufleurs, de salades fines et délicates ; on ne doit même celles qu'on trouve qu'à l'industrie de quelques Génois qui les cultivent dans des jardins particuliers, et qui les vendent fort cher.

Le lait y est sans consistance et sans goût ; il est le produit de quelques vaches étiques et de quelques chèvres, qui ne sortent jamais dans les campagnes, qui ne mangent jamais de l'herbe fraiche ; on les élève dans les rues ; elles n'ont point d'autre gite ; elles n'ont d'autre nourriture que celle qu'elles peuvent s'y procurer.

Le pain qu'on y mange est de deux espèces ; on le distingue en pain portuguais et en pain françois. Le premier est un peu bis, mal paitri, mal levé, mal cuit, massif, lourd, indigeste ; il est presque tout en mie ; la croute en est mollasse. Le dernier est plus blanc, paitri et cuit avec plus de soin. L'un et l'autre sont assez chers ; un pain portuguais du poids d'une livre et demie, ou vingt-quatre onces de Portugal, qui équivalent à vingt une onces poids de marc, se vend 2 vintems, ou 5 sous tournois ; la livre, poids de marc, en revient à près de 4 sous : le pain françois pèse environ quatre onces, et se vend 10 rais, ou un sou 3 deniers tournois; ce qui revient à 5 sous la livre.

Le poisson feroit un objet d'une grande ressource à Lisbonne; il y est très-abondant, et il pourroit y être à grand marché; mais il est chargé de plusieurs impôts qui équivalent au prix même du poisson.

La sardine seule y est à très-bas prix; elle y est très-abondante; elle ne se vend souvent qu'à 30 ou 40 rais, c'est-à-dire, 4 ou 5 sous tournois le cent. Ce poisson est si commun que les Portuguais aisés le dédaignent; ils rougiroient d'en faire servir sur leurs tables; mais il est d'une grande ressource pour le peuple.

On mange beaucoup de riz à Lisbonne, même dans les maisons les plus riches; il est de tous les repas. Il est ordinairement sans assaisonnement, tel qu'il sort de la marmite où on l'a fait bouillir. Il fait, avec les feuilles de navets, le fond de la nourriture qu'on donne aux domestiques. Il est cependant fort cher, parce qu'il vient du Levant, et que les Portuguais sont trop peu industrieux pour aller le chercher dans le lieu où on le récolte; ils le tirent de l'Italie, par conséquent de la seconde main.

On fait de la chandelle à Lisbonne; mais elle y est mal formée, grise, molle et très-coulante. On en fait venir de la Russie : celle-ci est très-blanche et d'une assez bonne qualité.

On brûle dans les cuisines un mauvais bois de pin qui donne une odeur désagréable, qui répand peu de chaleur et qui fait un feu inégal; il n'y en a pas d'autre à Lisbonne. On y brûle aussi du charbon, qui est rarement bon, et des *sepas* ou racines d'arbustes; c'est ce qui vaut le mieux.

Les vivres sont chers à Lisbonne; on aimera peut-être à trouver ici un tableau du prix auquel ils se vendent (1).

---

(1) La livre du Portugal est de seize onces, mais l'once est plus petite que celle du poids de marc. Les seize onces de Lisbonne n'en font que quatorze de ce dernier poids.

Pain

|  | En monnoie de Portugal. | En monnoie tournois. | | |
|---|---|---|---|---|
| Pain portuguais, la livre... | 26⅔ rais. | l. | 3 s. | 9 d |
| Pain françois, la livre..... | 40 | | 5 | |
| Le bœuf (1), la livre...... | 65 | | 8 | 2 |
| Le mouton............. | 60 | | 7 | 6 |
| Le gibier est d'un prix excessif; une paire de perdreaux............. | 800 | 5 | | |
| Un très-petit poulet qui vient de naître........... | 120 | | 15 | |
| Un poulet médiocrement gras............... | 320 | 2 | | |
| Une poularde, une croisade neuve........... | 480 | 3 | | |
| Un petit dindon, 2 croisades neuves .......... | 960 | 6 | | |
| Les œufs, la douzaine.... | 180 | 1 | 2 | 6 |
| La morue sèche, l'aroba de trente-quatre livres..... | 1600 | 10 | | |
| La même en détail, la livre. | 70 | | 9 | 9 |
| Les haricots du pays, l'alquer................ | 700 | 4 | 13 | 9 |
| Les haricots de Hollande, l'alquer ............ | 960 | 6 | | |
| Le vin, très-médiocre, la canuda (2)........... | 80 | | 10 | |

(1) La viande de bœuf et de mouton est toujours maigre, sèche et mauvaise; on fraude encore toujours sur le poids; ordinairement il y a deux onces de moins par chaque livre. Il n'y a aucune police pour ces deux objets.

(2) Un peu plus d'une pinte et demie.

|  | En monnoie de Portugal. | En monnoie tournois. | | |
|---|---|---|---|---|
| Le mauvais lait, la canuda. | 160 rais. | 1 l. | s. | d. |
| L'huile, mauvaise la canuda............ | 280 | 1 | 15 | |
| Le beurre salé (1), la livre.. | 160 | 1 | | |
| Le sucre rafiné, en pain, la livre............... | 200 | 1 | 5 | |
| La cassonade passable, la livre................ | 160 | 1 | | |
| La mauvaise cassonade, grasse et grise, la livre....... | 120 | | 15 | |
| Un petit panier de fraises.. | 240 | 1 | 10 | |
| Le riz médiocre, la livre... | 80 | | 10 | |
| Le riz un peu meilleur, la livre............... | 100 | | 12 | 6 |
| La chandelle du pays, la livre................ | 120 | | 15 | |
| La chandelle de Russie, la livre................ | 160 | 1 | | |
| Le charbon, un petit sac. | 600 | 3 | 15 | |
| Le bois de pin à brûler, une charge de cheval....... | 960 | 6 | | |
| Les *sepas* ou racines à brûler, une très-petite charge de cheval............ | 600 | 3 | 15 | |
| L'eau la barique ⎧ en hiver... | 15 | | 1 | 10 |
| de 20 ou 24 ⎨ en été..... | 20 | | 2 | 6 |
| pintes....... ⎩ quelquefois | 30 | | 3 | 9 |

(1) Il n'y en a point de frais.

La vente de l'eau pour la boisson et pour les usages domestiques monte, à Lisbonne, à une somme effrayante : en comptant seulement cinq bariques d'eau par mois pour chaque individu, l'un dans l'autre, et en ne portant chaque barique qu'à 2 sous pendant toute l'année, il en résulte une somme d'un million huit cents mille livres tournois dans un an.

## ACCOUCHEURS.

Les accoucheurs sont presque inconnus en Portugal ; ils y sont proscrits par les mœurs du pays, par le préjugé, par les insinuations impérieuses des moines, plus que par la pudeur.

Les maris ont encore une répugnance invincible à livrer aux attouchemens d'un homme, des appas secrets, des charmes supposés, des formes cachées, qu'ils croient ensevelis sous les voiles qui les couvrent, qu'ils croient réservés pour eux seuls La jalousie les rend insensibles aux douleurs, aux souffrances, aux dangers d'un accouchement laborieux, à l'état pénible, à l'état critique, aux plaintes, aux pleurs, aux cris, aux gémissemens de leurs épouses, au risque de les perdre, à celui de voir disparoître, avec elle, le fruit de leur amour.

Les femmes en couche sont livrées à l'ignorance, à l'impéritie, à la hardiesse, à la témérité d'une foule de sages-femmes; celles-ci n'ont jamais reçu aucune instruction dans l'art des accouchemens : on n'en donne aucune en Portugal; elles ont vu tout au plus manœuvrer leurs pareilles; elles ne font que ce qu'elles ont vu faire; elles ne peuvent puiser aucun précepte dans les livres de l'art : il n'y en a aucune qui sache lire. Une routine meurtrière est tout leur talent; une hardiesse téméraire, une orgueilleuse présomption la rendent encore plus dangereuse.

Elles ne savent ni prévoir un accouchement prochain, ni connoître s'il doit être heureux ou pénible; elles ne savent ni animer, ni soutenir, ni diminuer, ni calmer les douleurs de l'enfantement selon les diverses circonstances, ni connoître les causes accidentelles qui les produisent, ni changer la position défavorable du fœtus, ni extraire celui qui languit ou qui a péri dans le sein de sa mère; elles ne connoissent même ni la structure, ni la position, ni les noms, ni les usages des parties sur lesquelles elles doivent opérer.

Aussi les événemens facheux se multiplient-ils sous leurs mains inattentives, inhabiles, inexpérimentées, quoique toujours entreprenantes et téméraires. Les enfans périssent dans le sein de leurs mères, les avortons se multiplient, les membres se luxent, les têtes se compriment, elles se dépriment, s'applatissent. On est encore trop heureux lorsque la mère ne succombe point sous les coups, également redoublés et funestes de l'impéritie et de la témérité.

Quelle est donc l'indolente apathie du gouvernement portuguais sur un objet aussi important?

Il fonde des monastères, et il n'établit point des écoles publiques pour l'instruction de ces mains malhabiles, destinées à nous procurer notre première existence.

Il assujettit à une police, à des loix, à des réglemens, des communautés de cordonniers, de tailleurs, et il ne surveille point les mœurs, la conduite, la science, l'habileté, la dextérité des sages-femmes.

Il oblige les premiers à un apprentissage, à un chef-d'œuvre, et il livre les dernières à elles-mêmes, à leur propre conscience, à leur présomption, à leur témérité.

Il gêne, il contraint, il asservit l'opinion, la manière de penser sur des choses indifférentes, et il ne surveille ni l'action, ni la manière d'opérer pour un objet qui décide de la santé et de la vie des citoyens.

Quelle sagesse, quelle prévoyance dans ce gouvernement! quelle profondeur dans les vues de ses ministres! quelle sagacité dans leurs lumières! quel discernement dans leurs moyens! quel amour pour le bien public!

## MÉDECINS.

Quatre médecins sont assemblés pour décider de la vie ou de la mort d'un pauvre patient ; ils ont déja fait un examen superficiel du malade, plutôt que de la maladie; ils lui ont fait, en courant, quelques questions peu importantes, peu approfondies sur son état, quelques questions qui n'ont aucun rapport au caractère de la maladie, qu'ils ne connoissent point encore ; à peine ont-ils écouté les réponses du malade ; les voilà assemblés.

Le médecin ordinaire ouvre la séance ; il parle long-tems ; il parle beaucoup ; on n'en est pas plus instruit quand il a fini : à peine a-t-il parlé du malade et de la maladie. Ses confrères prononcent cependant d'après ces détails imparfaits. Il parlent également beaucoup ; ils lâchent des grands mots, des mots techniques, des mots barbares que personne n'entend, qu'ils n'entendent peut-être pas eux-mêmes ; ils font tous des raisonnemens généraux : les anciens sur le chaud et le froid, l'humidité et le sec, les intempéries, l'idiosincrasie ; les jeunes sur le spasme, la crispation, l'irritation, etc. Les premiers citent Hippocrate, Galien, Celse, Amatus Lusitanus, Sennert, Sidenham ; les derniers Van-Swieten, Cullen, Tissot, Buchan. Dans ces longs discours, à peine entend-on quelque chose qui soit relatif à la nature, au caractère, à la cause de la maladie. Cependant les consultans approuvent enfin la méthode suivie ou proposée par le médecin ordinaire ; mais, comme il faut gagner l'argent qu'ils vont recevoir, ils ajoutent quelque chose de leur chef, et ce quelque chose est toujours indifférent : j'ai entendu proposer de substituer le pissenlit à la chicorée, la buglose à la bourrache.

La consultation est finie : ils sortent ; un parent, un ami du malade les reconduit l'un après l'autre ; ils reparlent encore de la maladie ; ils approuvent encore la conduite du médecin ordinaire ; ils entremêlent cependant des *si*, des *car*, des *mais*, des paroles ambigues qui présentent une idée de réprobation, qui font naître des doutes... Il est si doux pour un chacun de déprimer adroitement son confrère lorsqu'il est éloigné, et de prendre sa place s'il peut y parvenir.

Lisbonne a cinquante-cinq médecins, les uns anciens, les autres modernes.

Les anciens conservent leur gravité, leur front sévère, leur démarche méthodique, leur manière de parler dogmatique et sententieuse; ils sont encore enfoncés dans les erreurs et les préjugés des siècles les plus barbares. Les jeunes, avec le ton léger, le visage riant, l'accent de la présomption, un costume galant, affectent de secouer, peut-être avec trop de violence, les principes de leurs prédécesseurs; ils effleurent tout, ils passent légerement sur tout; ils n'approfondissent rien.

Les premiers ne connoissent et ne citent que les très-anciens médecins; les derniers ne jurent que par quelques-uns des plus modernes.

Les premiers donnent trop d'étendue aux principes de l'ancienne doctrine; les derniers les resserrent trop.

Les premiers ne connoissent point les découvertes modernes ; les derniers méprisent, avec autant de d'impudence que d'affectation, les principes des anciens maîtres de l'art.

Les premiers sont fermes dans la marche qu'on leur a enseignée ; les derniers s'égarent en voltigeant, en voulant tout réformer, en voulant tout soumettre à leur orgueilleux amour pour la nouveauté.

Les premiers affichent la pédanterie ; les derniers l'inconséquence.

Les uns et les autres ne sont que des routiniers ; mais les premiers ne sont qu'ignorans ; les derniers sont à la fois ignorans et présomptueux.

Un de ceux-ci a voulu guérir tous ses malades avec des oranges, avec ce fruit si abondant en Portugal, si précieux par son produit ; il en a conservé le nom ; on ne l'appelle plus que *le médecin aux oranges*.

Une école de médecine existe à Coïmbre depuis plusieurs siècles ; elle est la seule en Portugal : elle étoit formée sur l'ancien plan, sur le plan commun à toutes les anciennes écoles ; elle étoit enfoncée dans la plus épaisse barbarie. On l'a réformée de nos jours ; mais on a donné dans un excès opposé. En voulant trop supprimer, on a détruit jusqu'aux fondemens de la science ; en voulant trop l'habiller à la moderne, on lui a ôté la solidité qui devoit en faire la base. On a bâti une maison sans fondemens ; on lui a donné une écorce qui ne renferme que du vide. On n'a pu cependant en extirper l'antique pédanterie ; elle y germe ; elle s'y reproduit sans cesse ; elle en infecte tous les individus. Les jeunes gens y apprennent à raisonner, à discourir ; mais ils en sortent vides de science, de sens, de jugement ; ce qu'ils en rapportent de plus important à leurs yeux, et de plus nuisible à la société, c'est le libertinage, l'ignorance, l'orgueil, la présomption et la fatuité.

Deux médecins étrangers, l'un Italien, l'autre Irlandois d'origine, mais né à Lisbonne, dominent aujourd'hui sur les autres médecins de cette ville. Le premier est assez instruit ; il a puisé quelques lumières dans la lecture des anciens et de beaucoup de livres modernes : le dernier est un empyrique dont les moyens, toujours extraordinaires, toujours violens, toujours hasardés, quelquefois heureux, n'ont pour fondement que son caprice, son esprit systématique, ses essais, souvent téméraires. Le premier est de toutes les consultations; le dernier est appelé dans les cas désespérés, où on ne sait plus que faire, où tout l'espoir peut être fondé sur une heureuse témérité. Ils ont pris l'un et l'autre un ascendant, l'un par ses idées liées, suivies, soutenues, méthodiques; l'autre par sa brutalité, par les injures dont il accable ses confrères, par la manière grossière, dure, humiliante dont il les traite. Le premier n'est point aimé; mais il estimé : le dernier n'est ni aimé, ni estimé; il est craint; on se rapproche sans peine de l'un; on s'éloigne avec soin de l'autre.

Lisbonne pourroit cependant avoir de bons médecins, si l'amour du gain suffisoit pour les attirer. Ils y sont bien payés. On leur donne, au moins, une monnoie d'or, ou 30 livres tournois pour chaque consultation, et le plus souvent une pièce de 6400 raisons, ou 40 livres : ces consultations sont très-fréquentes ; on les assemble pour peu de chose. Le prix ordinaire des visites est de 2 croisades neuves, ou 6 livres tournois pour les bourgeois de la seconde classe ; d'un quart d'or, ou 7 livres 10 sous pour la première classe de la bourgeoisie ; et de 16 testons, ou 10 livres pour les négocians étrangers, à l'exception des Italiens, qui paient mesquinement. Les grands seigneurs sont au-dessus de tous les prix ; ils ne paient jamais.

## ENTERREMENS.

Les médecins et les enterremens se suivent ordinairement de près : les premiers passent devant ; les derniers viennent ensuite : il vient d'être parlé des uns ; c'est ici le cas de parler des autres.

Les Anglois ont porté à Lisbonne la simplicité, peut être trop mesquine, des enterremens, usitée dans la religion qu'ils professent ; les étrangers, établis dans cette ville, l'ont adoptée ; la plupart des

Portuguais suivent aujourd'hui leur exemple.

On place tout simplement le cercueil dans lequel le cadavre est enfermé, sur le devant du brancard d'une chaise; on le transporte ainsi sans cérémonie, sans lumière, sans convoi, sans cortège. Le cadavre est reçu à la porte de l'église par le curé, par quelques prêtres, et par la famille ou les amis du défunt qui s'y réunissent. On récite quelques prières; on descend le cercueil dans un trou creusé à cet effet; on l'ouvre; on laisse voir le cadavre aux assistans; on le referme à clef; on remet la clef au plus proche parent; on couvre le cercueil de terre, et on s'en va.

Ceux qui veulent imiter cette simplicité, et qui prétendent néanmoins afficher du luxe, ne se servent point de chaises à brancard; ils font venir un carosse du roi dans lequel on place le cadavre. Ce carosse est traîné par six mules; il est environné de valets de pied de la cour, couverts de la livrée du roi. Il en coute deux pièces de 6400 raisons, ou 80 livres tournois pour le carosse, et des étrennes pour le cocher et les valets.

Cette simplicité ne diminue point les frais funéraires. Les cloches, les ornemens, la croix se paient de même ; les prêtres sont aussi bien payés que s'ils se rendoient à la maison du défunt ; si on a porté le cadavre à l'église sans luminaire, on ne le paie pas moins : il faut placer de grands cierges autour du corps dans le tems qu'on récite les prières ; on en distribue un à chaque prêtre, un à chaque parent, ami ou assistant ; tout cela tourne au profit de l'église ou de ses ministres.

Les droits du curé sont les mêmes ; ils sont exhorbitans, parce qu'ils sont arbitraires. Le pasteur prélève à son profit le tiers des dispositions pieuses ou funéraires que le défunt a fait dans son testament : cela devient considérable pour les Portuguais, qui en font toujours beaucoup. Si le défunt n'a point testé, ou si son testament ne contient aucune disposition de cette espèce, le curé taxe arbitrairement les droits qui lui compètent ; je les ai vu porter, pour un négociant étranger, à douze monnoies d'or, ou 360 livres tournois.

On met plus d'apparat aux enterremens des Portuguais qui veulent de l'ostentation. On rassemble plusieurs confréries, des troupes de moines de différens ordres, tous les prêtres de la paroisse ; on donne à chacun d'eux un cierge du poids d'une livre ; ils marchent en procession, rangés deux à deux ; le cadavre ferme la marche, porté sur les épaules de quatre moines ; il est couché sur un brancard, à visage découvert, en habit de quelque ordre religieux, et environné de gros cierges ou de flambeaux portés par des domestiques. Ces enterremens sont très-dispendieux.

Les artisans, les petits marchands, qui sont membres de quelque confrérie, sont enterrés par cette confrérie, qui les porte de même à visage découvert, et qui fait les frais de leur enterrement ; les confrères forment également une procession avec les religieux du couvent où la confrérie est établie.

Le peuple se fait enterrer sans cérémonie ;

nie ; mais, quelque pauvre qu'il soit, il doit payer son enterrement. Les curés ne font rien pour rien en Portugal; la misère la plus affreuse, la plus évidente, la mieux constatée, ne sauroit trouver grace à leurs yeux. Si le pauvre n'a point d'argent, il n'est point enterré ; les prières les plus pressantes, les larmes d'un infortuné, les sanglots d'une famille désolée ne sauroient toucher l'inflexible curé ; le bon pasteur est inexorable ; il renvoie les solliciteurs aux aumônes des fidelles pour completter la somme qui lui est nécessaire : en attendant il laisse pourrir le cadavre sur le grabat sur lequel il a expiré.

Le pauvre, désolé, porte le cadavre de son père, de sa mère, de son fils, de son épouse, à la porte de l'église, et le livre à la discrétion et à la charité du curé. Le pasteur le laisse dans le lieu où on l'a déposé ; il y fait mettre un bassin pour recevoir les aumônes des passans ; il en fait compter le produit tous les jours ; lorsqu'il a recueilli enfin la somme à laquelle il s'est taxé, il fait enterrer le cadavre par un de ses subalternes, qui le fait jeter pré-

P

cipitamment dans une fosse dans le tems qu'il marmote en courant les indispensables prières pour les morts. Ce spectacle affreux se renouvelle tous les jours à Lisbonne; les étrangers redoutent de porter les yeux sur les portes des églises paroissiales, crainte d'y appercevoir ce spectacle d'horreur.

Croira-t-on que de pareilles indignités se passent parmi des Chrétiens, qu'un pays, qu'un gouvernement catholique les autorise, qu'il les permette, que d'indignes pasteurs, faits pour prêcher, plus encore pour pratiquer la charité chrétienne, donnent l'exemple de cette infame dureté, de cette monstrueuse inhumanité? Trouvera-t-on des exemples pareils chez les nations les plus barbares? Les honneurs funèbres, les derniers devoirs à rendre aux morts, sont les devoirs le plus sacrés chez tous les peuples; un barbare, un sauvage n'oseroit y manquer, et un prêtre chrétien, un prêtre du Dieu vivant, un pasteur auquel on a confié le soin de ses ouailles, qui doit les consoler, les aider, les édifier, ne rougit point de le fouler aux pieds; il rougit encore moins de donner la plus grande publicité à son exécrable inhumanité, à une inhumanité dirigée par son odieuse avidité.

Le gouvernement le sait; le gouvernement le voit, et il ne punit point les forfaits de ces indignes pasteurs.

## CENSURE DES LIVRES.

L'examen des livres étrangers qui arrivent à Lisbonne, l'examen et la censure de ceux qu'on veut imprimer en Portugal, appartenoient autrefois à l'inquisition, qui s'en acquittoit par des commissaires. On lui ôta cette fonction en 1768; on y suppléa par un bureau ou commission, qui fut établi sous le nom de *mera censoria;* on y fit des changemens en 1787, et on changea son nom en celui de *real mera de comissao geral sobre exame é censura de libros.* Ce bureau étoit composé d'un président, d'onze députés, presque tous moines, d'un fiscal et de trente secrétaires ou greffiers.

Tout ce qui s'imprimoit, livres, prospectus, avis, affiches, même les billets d'invitation, les billets d'enterrement, devoit être soumis à l'examen de ce bureau et avoir son approbation.

Tout livre, tout imprimé, qui arrivoit à Lisbonne, étoit arrêté, porté à la douane, renvoyé à ce bureau, et n'étoit délivré à son propriétaire qu'après avoir obtenu la sanction de ce tribunal.

Ce bureau étoit quelquefois très-difficile; mais dans d'autres momens il étoit aussi facile et aussi complaisant que l'inquisition avoit été difficile, minutieuse et repoussante. Il approuva, en 1794, un livre intitulé *medicina theologica*; cet ouvrage étoit rempli de matérialisme, d'assertions équivoques, d'absurdités, de ridiculités, d'obscénités; il prêtoit beaucoup aux plaisanteries; il pouvoit échauffer aisément les imaginations portugaises, déja très-exaltées; il instruisoit dans la carrière du vice les jeunes personnes des deux sexes et les vierges consacrées au Seigneur; il favorisoit les mauvaises mœurs : il étoit vraiment dangereux. L'édition en eut le plus grand succès; elle fut épuisée dans huit jours.

Ce livre souleva les diverses classes des citoyens. Les dévots jetèrent de hauts cris; les personnes vraiment pieuses furent scandalisées; les gens de bien murmurèrent. Le cri fut général; il réveilla l'attention du gouvernement. La *mera censoria*, qui avoit donné légérement son approbation à ce livre scandaleux, fut supprimée; l'inquisition fut rétablie dans ses anciens droits; la censure des livres lui fut de nouveau attribuée.

Par une inconséquence inconcevable, le gouvernement, en supprimant le bureau trop facile, donna une recompense aux membres dont il étoit composé, aux membres même qui avoient approuvé le livre; il leur conserva leurs appointemens. Il est devenu ainsi fort doux pour eux de percevoir les mêmes émolumens et d'être dispensés de toute sorte de travail : c'est le moyen de multiplier les prévarications et les prévaricateurs.

Par une autre inconséquence, encore plus frappante, ce même gouvernement, en supprimant la *mera censoria*, en attribuant ses fonctions à l'inquisition, oublia ou négligea d'en faire part à ce dernier tribunal et de lui adresser les ordres nécessaires. L'inquisition, n'ayant aucune autorisation, ne put reprendre ses fonctions; elle rejeta tout ce qui lui fut présenté à censurer.

Cette espèce d'anarchie a duré pendant six mois; il en a résulté un dommage considérable pour l'imprimerie et pour le commerce de la librairie. Pendant ce tems-là on n'a pu rien imprimer; les imprimeries ont été fermées; les libraires n'ont pu retirer les balots de livres venus des pays étrangers; ils ont perdu l'intérêt de leur argent, quelques-uns ont perdu beaucoup de livres qui se sont moisis par l'humidité de la douane, où ils ont été retenus pendant huit ou neuf mois.

L'étranger qui arrive à Lisbonne éprouve des tracasseries, des retards, et beaucoup de courses fatigantes, s'il a quelques livres mêlés avec ses effets, en quelque petit nombre qu'ils puissent être. Ses livres sont d'abord arrêtés à la douane; il faut présenter des placets à l'intendant de police pour en demander le renvoi à l'inquisition;

il faut solliciter les subalternes de la douane ; il faut leur faire des gratifications pour être expédié. Les courses, les frais recommencent à l'inquisition ; des placets, des sollicitations, des nouvelles gratifications deviennent encore nécessaires. On est trop heureux lorsqu'on ratrappe ses livres après trois mois de fatigues, lorsqu'on parvient à n'en perdre aucun, et lorsqu'on en est quitte pour 20 ou 24 livres tournois de déboursés.

## SCIENCES.

Parcourons les fastes des sciences, les fastes de la littérature, quels sont les noms portuguais que nous y trouverons ?

Parcourons les bibliothèques choisies, les bibliothèques bien composées, quels sont les livres portuguais que nous y verrons ?

Parcourons les noms des hommes connus dans les sciences, les noms des auteurs cités par les savans des différentes nations, les collections des poëtes, des orateurs, des historiens, quels sont les auteurs portuguais qui y occupent une place?

Le Portugal a fourni des théologiens ascétiques et scholastiques; il n'a produit presque aucun ouvrage de théologie dogmatique.

Il a donné des jurisconsultes; mais leurs ouvrages sont des compilations froides, indigestes, énormes, faites sans goût et sans discernement, ou des commentaires diffus, obscurs, pesans, éternels.

Ses ouvrages de médecine contiennent des raisonnemens à perte de vue sur Hyppocrate, sur Galien, sur la doctrine des Arabes, sur Mesué, sur Mathiole, etc.; on n'y trouve aucune teinture de chimie, aucune connoissance de physique, aucune recherche anatomique, aucune observation pratique, aucun principe de matière médicale, aucune étincelle des connoissances modernes, de ces connoissances précieuses qui ont enrichi, dans ce siècle, l'art de guérir.

Ne parlons point de sa philosophie; c'est un déraisonnement perpétuel; c'est un verbiage froid, diffus, fastidieux, assommant, sur la philosophie péripatéticienne.

La physique y est dans l'enfance; à peine y commence-t-on à savoir qu'il existe une physique fondée sur des principes certains, sur des observations constantes, sur des expériences belles et lumineuses; on y ignore encore l'usage et l'application qu'on peut en faire pour les progrès des sciences et pour la perfection des arts.

Ses mathématiciens sont nuls; ses géomètres inexacts; ses botanistes inconnus; ses naturalistes ignorés.

La collection universelle de tous les ouvrages que le Portugal a produit dans les sciences, ne formeroit point, par leur nombre, une bibliothèque très-ordinaire pour un particulier; si on vouloit l'élaguer, si on vouloit la réduire, non aux bons livres, mais seulement aux ouvrages d'une médiocreté supportable, elle ne feroit point peut-être deux cents volumes.

Le Portugal est à l'extrémité de l'Europe; il n'a avec les autres nations que des communications, que des relations de commerce; il ne peut ni connoître, ni se procurer les productions nouvelles qui enrichissent tous les jours les sciences; il ne peut connoître, que fort tard et imparfaitement, les découvertes dont les travaux des savans ne cessent d'enrichir la physique, la chimie, la médecine, l'histoire naturelle; il est privé de cette fréquentation des savans, de cette correspondance mutuelle entre les hommes instruits, qui provoquent l'émulation, qui augmentent et perfectionnent la masse des connoissances, qui contribuent singulièrement aux progrès des sciences.

Le gouvernement portugais lui-même y oppose des entraves continuelles; il a établi une fiscalité, qui opprime le génie, qui comprime l'opinion, qui rétrécit les idées, qui réprime les élans qu'un génie heureux pourroit se permettre.

Une vigilance rigoureuse et outrée sur l'espèce de livres qui viennent du dehors, empêche l'entrée de beaucoup d'ouvrages excellens; un mot douteux, une expression équivoque, une phrase obscure, une idée au-dessus de la portée et de l'intelligence du censeur qui est chargé de les examiner, suffisent pour les faire prohiber; on les condamne quelquefois sur le seul titre du livre, sur le seul nom de l'auteur, sans prendre la peine d'examiner les principes qu'ils contiennent. Les livres sont alors saisis, confisqués, perdus à jamais pour celui auquel ils appartiennent.

Les libraires se dégoûtent d'un commerce où ils sont exposés à tout perdre, où leur fortune dépend de la volonté, du caprice d'un censeur ignorant, prévenu, difficile, qui voit mal, qui est souvent hors d'état de juger; ils n'osent faire venir aucun de ces ouvrages transcendans, qui répandent la lumière dans toute l'Europe. Les Portugais sont privés des connoissances qu'ils pourroient y puiser.

L'inquisition censoriale s'exerce avec la même rigueur, avec les mêmes formes, avec les mêmes inconvéniens, sur-tout ce qui doit être imprimé; livres, affiches, annonces, avis, billets de mariage, billets d'enterrement, billets de visites, billets d'invitation, tout est soumis à la même loi; rien ne s'imprime sans avoir subi l'épreuve de la férule censoriale.

Une idée un peu saillante est réprimée ; une phrase noble, élevée, paroît hardie, hasardée ; elle est biffée : une opinion, un système qui choque l'intelligence du censeur, une vue nouvelle qui contrarie ses principes, une observation, une expérience qui combat ses préjugés, un raisonnement qui ne s'accorde point avec sa façon de voir, quelque juste, quelque lumineux qu'il puisse être, font livrer à l'instant l'ouvrage à l'anathême. L'auteur est encore trop heureux s'il ne partage point la sentence de réprobation prononcée contre son livre.

Qu'en résulte-t-il ? on n'écrit presque point ; on n'imprime que des choses ordinaires, triviales, rétrécies dans la sphère des connoissances bornées qu'on a dans ce pays.

Un auteur, un savant, dont le génie heureux s'éleveroit jusqu'aux choses les plus sublimes, doit se taire ; il doit se contenir dans un silence nécessaire à son repos, à sa tranquillité ; il doit garder pour lui seul le résultat de ses méditations et de ses recherches ; il doit éviter d'en laisser rien transpirer au-dehors; il deviendroit suspect : ce seroit un homme perdu.

Les livres françois sont ceux qui ont le plus de cours en Portugal; il y en a beaucoup qui sont traduits en portuguais; ils font la seule ressources de ceux qui veulent acquérir quelques connoissances dans les sciences.

Cette ressource est encore rétrécie par la censure. La plupart de ces traductions sont desséchées, fanées par le souffle destructeur d'une censure extravagante; elles sont élaguées, altérées, mutilées, dénaturées par la main téméraire d'un censeur, aussi despote qu'ignorant et fanatique; elles deviennent méconnoissables; les auteurs eux-mêmes n'y reconnoîtroient plus leurs idées, ni leurs principes, ni leurs ouvrages.

Le gouvernement a ses motifs. Il sait que les gens de lettres sont ceux qui instruisent les nations, qui les éclairent sur leurs droits comme sur leurs devoirs. Il sait qu'une nation sans lumières est facile à déprimer, qu'on la mène plus aisément à l'esclavage, qu'elle se plie sans résistance sous le joug du despotisme.

Le Portugal a une université; mais elle sert à entretenir la barbarie : elle fera le sujet de l'article suivant. C'est cependant le seul établissement où les Portuguais puissent se livrer à l'étude des sciences. Lisbonne même, cette grande ville, cette capitale, n'en a aucun.

Cette ville a bien une académie des sciences; mais elle ne sert à rien; elle ne prête qu'au ridicule; il en sera parlé en particulier.

Elle a un très-petit jardin de botanique, renfermé dans le palais du roi à Belem, dans ce palais qui a été brûlé en 1794; mais, outre qu'il est mal pourvu, il ne sert point à l'instruction; il ne s'y fait aucune leçon, aucune démonstration; il est même fermé au public : on n'y entre qu'après en avoir obtenu la permission.

Ce même palais a un cabinet d'histoire naturelle qui a échappé à l'incendie de 1794; mais ce n'est qu'une mignature; à peine y trouve-t-on quelques-uns de ces objets qui sont plus faits pour satisfaire la curiosité que pour fournir des moyens d'instruction. Il est également fermé au public, et on n'y entre point sans permission.

On trouve encore quelques petites collections du même genre à l'académie des sciences, dans le monastère de Saint-Vincent de Fora de chanoines réguliers de Saint-Augustin, et dans les maisons de M. George Rey, de M. Hyacinthe d'Avaujo, et de l'avocat François-Martin Sampaio (1); mais elles sont très-bornées et destinées uniquement au plaisir de leurs possesseurs.

Lisbonne a quelques cabinets de médailles et d'antiquités; ils appartiennent à des particuliers; le comte de Vimieiro, Antoine-Laurent Caminha, l'avocat Sampaio, le moine Thomas Caetano de Bem au couvent des Caetanos, le bénédictin dom François-Bernard da Esperança au couvent de San-Bento, et l'abbé Garnier, chapelain de l'église françoise de Saint-Louis, ont

---

(1) Cet avocat est mort depuis peu de tems.

fait des petites collections dont chacune peut-être intéressante aux yeux de celui qui la possède, mais qui, réunies, ne mériteroient point d'être exposées à la curiosité du public.

Cette ville a encore quatre cabinets de physique expérimentale : l'un est possédé par le marquis de Tancos ; un autre appartient à l'académie des sciences ; on trouve les deux autres dans la maison des oratoriens de Necessidades et dans le monastère de Saint-Vincent de Fora de chanoines réguliers de Saint-Augustin : celui-ci est le plus beau ; les deux premiers sont très-mal pourvus. Tous ces cabinets ne servent qu'à satisfaire une inutile curiosité ; ce sont des chevaux de parade qui ne sont destinés qu'à la montre, et qui ne font aucun service.

Lisbonne n'a aucune bibliothèque publique. Les bibliothèques particulières, un peu nombreuses, un peu choisies, sont fort rares ; la plus riche est celle des chanoines réguliers de Saint-Augustin à Saint-Vincent de Fora ; elle contient environ douze ou quatorze mille volumes.

UNIVERSITÉ

## UNIVERSITÉ DE COIMBRE.

Le Portugal n'a qu'une université; elle est à Coïmbre (1) : elle existe depuis long-tems. Elle étoit plongée dans la plus épaisse barbarie; on a voulu la revivifier; on l'a presque refondue en 1772, sous le roi don Joseph.

Cette université réunit aujourd'hui une foule prodigieuse de maîtres dans tous les genres. Elle a quatre-vingt professeurs et démonstrateurs, seize pour la théologie positive, lithurgique, morale, dogmatique et pour l'histoire ecclésiastique; douze pour le droit canonique; quatorze pour le

---

(1) « L'université de Coïmbre, la mère des savans en Portugal, est une école barbare, remplie de tous les préjugés scholastiques; on n'y reconnoît que la philosophie d'Aristote..... Cette université contient plus de quatre mille écoliers qui passent leur vie dans la dissipation et l'ignorance; leur occupation est de faire de petits curedents de buis, connus en Espagne et en Italie sous le nom de *palilos* : la classe de la langue grecque étoit, en 1766, de sept écoliers ».

*Etat présent du royaume de Portugal.*

droit civil, le droit naturel et le droit portuguais ; quinze pour la médecine, l'anatomie, les opérations de chirurgie, la zoologie, la minéralogie, la chimie métallurgique et la botanique ; six pour les différentes branches des mathématiques ; un pour le dessin et l'architecture, un pour la physique expérimentale ; deux pour la logique ; deux pour l'histoire et les antiquités ; deux pour la rhétorique et la poétique ; huit pour les langues latine, grecque et hébraïque ; un pour la musique et le plein chant.

On lui a donné une foule d'autres officiers, un recteur, un vice-recteur, un chancelier, un secrétaire, treize bedeaux, une chapelle composée d'un chantre, de douze chapelains, d'un organiste, et de quatre sacristains, un conseil pour l'administration de ses finances, composé de quatre députés, d'un greffier, d'un contador, de cinq écrivains et de deux portiers, un tribunal particulier pour l'exercice de sa juridiction, formé par un conservateur, un vice-conservateur, un auditeur, un fiscal, six greffiers, quatorze huissiers, un geôlier et un portier, enfin, une imprimerie avec un directeur, un réviseur, un administrateur et un écrivain.

La somme totale des personnes employées dans cette université est de cent cinquante neuf individus.

Cette université a un jardin de botanique, un cabinet de physique expérimentale, un petit cabinet d'histoire naturelle, et un cabinet, encore plus petit, d'antiquités et de médailles.

Cet apparat est imposant. Ce grand nombre de maîtres, cette variété de leçons, cette diversité d'établissemens, annoncent une instruction complette; mais, en examinant la chose de près, en pénétrant dans ce prétendu sanctuaire des sciences, on n'y trouve qu'une écorce superficielle; on n'y trouve qu'un corps boursouflé, quoique maigre, sec, décharné, sans ame, sans vie, qui n'est animé que par la pédanterie, qui n'est dirigé que par le préjugé, qui ne se soutient que par la prévention nationale, qui n'en impose que par sa morgue et son orgueil.

En réformant cette université, on a conservé son ancienne forme, et on en a perpétué les inconvéniens; on a conservé une partie de son ancien régime, et on en a perpétué les abus; on a conservé une partie de ses anciens maîtres, et on en a perpétué l'esprit, le mode et les principes; on a pris les nouveaux maîtres parmi ses élèves, et on en a perpétué les préjugés.

On a confié les nouveaux établissemens à des nationaux qui ne savoient que ce qu'ils avoient appris dans les anciennes écoles de cette antique université, qui étoient nourris des principes qu'ils y avoient puisés, qui étoient imbus des préjugés qu'ils y avoient reçus, qui étoient dépourvus des connoissances nécessaires pour diriger des établissemens absolument nouveaux pour eux et pour le Portugal, qui n'avoient ni le talent, ni la volonté, ni le courage de concevoir de nouvelles idées, d'établir de nouvelles opinions, de soutenir de nouveaux principes, de propager une nouvelle doctrine.

On n'y a appelé aucun maître étranger; on n'y a rien fait pour encourager les élans du génie, pour animer et soutenir les efforts d'une imagination heureuse, pour protéger l'homme de talent.

Les réflexions sont inutiles ; elles dérivent facilement des détails précédens. On peut voir ce qui a été déja dit de cette université à l'article *médecins*.

## LITTÉRATURE.

Les Portuguais ne sont pas plus avancés dans la littérature que dans les sciences (1) ; les mêmes obstacles, les mêmes entraves en empêchent les progrès. Leurs idées et leur style se ressentent de la contrainte qu'on lui impose. Ils n'osent donner à leurs idées cet élan qui mène sou-

___

(1) « Les lettres et la librairie sont en fort mauvais état en Portugal, quoique cependant ce peuple ait de l'esprit et de la disposition ; mais il a été fort long-tems sans application ; il l'est encore, et ce n'est que depuis quelque tems que les jeunes seigneurs commencent à se jeter dans la littérature ; ils sont passionnés sur-tout pour Voltaire, Rousseau et la nouvelle philosophie ; presque tous ces livres sont traduits en portugais..... On traduit continuellement les livres de chirurgie et de médecine ».

*Etat présent du royaume de Portugal.*

vent au sublime; ils n'osent donner à leur style cette élévation, cette noblesse, cette énergie, qui ennoblissent un sujet, cette teinte mâle, cette véhémence, cette chaleur, qui parlent au cœur, qui émeuvent les sens, qui entraînent l'opinion.

Leurs poésies sont sèches, misérables, mesquines; leur *Camoens* a laissé une grande place à remplir; elle est encore vacante.

Leurs orateurs sont diffus, prolixes, secs; leurs sermons sont mal imités de nos bons sermonaires.

Leurs historiens sont déclamateurs, prolixes, minutieux, bas, lâches, crédules, partiaux, fanatiques.

Ils n'ont point de romanciers; s'il y en a quelques-uns, en très-petit nombre, ils ne sont qu'imitateurs ou copistes des Espagnols et des François.

Leurs écrits sont remplis de grands mots, d'exclamations, d'abus de termes, d'annonces fastueuses, d'idées triviales ou absurdes, ou qui leur sont étrangères, d'un dédain ridiculement affecté pour les écrits qu'ils imitent ou qu'ils copient. Le style est bas, traînant, lâche, inégal, souvent bassement boursouflé. On y trouve rarement de la grace, de la finesse; on n'y trouve jamais ni des beautés mâles et originales, ni des compositions fortes et transcendantes, ni des idées originales, neuves, frappantes, ni la variété féconde et sublime de la nature.

Les Portugais écrivent très-peu; ils traduisent beaucoup plus qu'ils n'écrivent : ils s'approprient ainsi les ouvrages des autres nations; mais dans leurs traductions les ouvrages originaux sont également mutilés et rendus méconnoissables, en passant par le terrible creuset de la censure.

## ACADÉMIES.

Lisbonne a une académie royale des sciences : c'est un grand nom qui en impose. Lisbonne a donc des savans et un lieu où l'on honore, où l'on cultive les sciences…… *Risum teneatis amici;* ce n'est qu'un bâton qui flotte dans l'eau, qui, apperçu de loin, paroît quelquefois un gros bateau.

Cette académie est un composé monstrueux de personnes qui ne savent et ne doivent rien faire, de personnes qui ne savent et ne veulent rien faire, et de personnes qui se démènent beaucoup pour avoir l'air de faire, et qui ne font pas plus que celles qui ne font rien.

Elle est divisée en six classes.

La première comprend dix-sept honoraires. Ce sont tous des prélats, des ministres d'état, des grands seigneurs, qui se pavanent orgueilleusement sur le fauteuil académique, qui croient que leur nom doit suppléer aux talens qu'ils n'ont point et au travail qu'ils ne font point.

La seconde est celle des associés étrangers, au nombre de huit. On trouve ici les noms fameux de savans répandus dans toutes les parties de l'Europe, que l'académie a choisis sans les consulter, qui ignorent même si elle existe, qui seroient fort surpris de trouver leurs noms à la tête d'une académie qui n'est connue nulle part, qui ne l'est même presque point dans l'enceinte des murs où elle est établie.

La troisième est celle des associés vétérans, au nombre de huit, de ces associés qui ont passé rapidement par la classe des associés effectifs, qui n'ont jamais rien fait lorsqu'ils étoient dans cette classe, qui ne font pas davantage dans celle qui est destinée au repos.

La quatrième comprend vingt-un associés effectifs : ce sont les seuls travailleurs de l'académie ; il en sera parlé en particulier.

La cinquième est celle des associés libres, au nombre de trente-trois ; ceux-ci jouissent, dans toute sa plénitude, de la liberté de ne rien faire, que leur donnent les places qu'ils occupent.

La dernière est celle des correspondans, dont le nombre est illimité ; il y en a aujourd'hui cent quatre. Les uns résident dans divers lieux du Portugal ; les autres sont des savans étrangers, dont les noms ont fait désirer à l'académie d'en orner sa liste, et qui cependant, de même que les associés étrangers, ignorent si elle existe.

Cette académie a divisé ses travaux en trois classes, celle des sciences naturelles, qui a six associés effectifs; celle des sciences exactes, qui en a huit, et celle de la littérature portugaise, qui en a sept. Ses travailleurs se trouvent ainsi réduits au nombre de vingt-un, sur lesquels il n'y en a que quatorze qui sont censés travailler aux sciences.

Cette académie s'est demenée, elle s'est agitée dans tous les sens pour donner quelques productions au public. Le public portuguais y a fait peu d'attention; il n'a point assez bonne opinion des savans de cette académie : le public des autres nations y en a fait encore moins; il ne les connoît point, il n'en a jamais entendu parler.

Le grand effort de génie de cette académie, l'effort le plus pénible, le plus glorieux pour elle, le plus inutile, le plus fastidieux, le plus dispendieux pour le public, est son *Dictionnaire de la langue portugaise;* elle n'en a publié encore que le premier volume : c'est un énorme tome *in-folio* de mille pages, qui ne contient que la lettre A; il aura au moins vingt volumes, si on parvient à le finir.

Quelle est la collection volumineuse qui pourra égaler cette énorme production ? Elle équivaudra à l'immense collection des pères de l'église ; elle sera vraisemblablement aussi peu lue.

Y a-t-il une langue, quelque riche qu'elle puisse être, qui ait fourni assez de matériaux pour former mille pages *in-folio* sur une seule lettre ? Les académiciens espagnols, italiens, françois, sont de petits garçons auprès des académiciens portuguais ; ils n'ont pas su trouver dans leurs langues, les plus riches de l'Europe, de quoi pousser leurs travaux aussi loin ; les derniers, au contraire, ont trouvé tant de matière à discourir dans une langue sèche, resserrée, pauvre, mesquine, désagréable, composée de mots corrompus de dix idiomes différens. Admirons la prodigieuse fécondité, les immenses ressources, la rare intelligence, l'agréable précision, des académiciens portuguais.

Cette académie, qui cherche à se faire connoître en multipliant ses travaux quels qu'ils soient, a jugé l'*Almanach de Lisbonne* une production digne d'occuper les loisirs des membres qui la composent; elle a réclamé, en 1794, la rédaction de cet ouvrage important; sa réclamation, portée aux pieds du trône, a été jugée si juste, si utile, que l'autorité royale lui a attribué le droit exclusif d'arranger les listes, les emplois, les demeures qui forment ce petit livre. Cet *Almanach*, sortant dorénavant des mains d'une compagnie aussi savante, va devenir l'almanach le plus savant de l'Europe (1).

---

(1) Depuis quelques années que l'académie des sciences de Lisbonne existe, elle a fait différens travaux qui sont bien connus des savans de toutes les nations. Elle renferme dans son sein des hommes très-instruits, et il est peu de savans en Europe qui réunissent autant de talens, autant de facilité que l'abbé Correa, secrétaire de cette compagnie. On compte parmi ses membres Vandelli, à qui on doit plusieurs écrits de botanique, et qui dirige le jardin des plantes d'Ajuda, où il y a une très-belle collection; Vellozo, qui possède une collection immense de plantes du Brésil, qu'il a décrites et figurées avec soin, et qui est sur le point d'en faire paroître l'histoire, les gravures de ce grand ouvrage étant déjà faites en partie. Il y a dans cette compagnie plusieurs mathématiciens et des astronomes très-recommandables. Parmi les honoraires on trouve des amateurs très-distingués, et les gens instruits savent bien que plusieurs d'entre eux possèdent des collections précieuses dans plus d'un genre. L'académie a formé

Suez, savantes académies, suez, académies illustrées par vos travaux, vous

---

un cabinet de physique et d'histoire naturelle, une bibliothèque choisie ; elle a obtenu du gouvernement de faire voyager pour les sciences plusieurs de ses membres, et le nom d'Andrada, un de ceux qui parcourent dans ce moment l'Europe, est bien connu dans le monde savant.

Pour donner une idée des travaux de l'académie, il suffit de présenter la liste des ouvrages qu'elle a publiés et imprimés à ses frais. Nous en allons transcrire la liste suivant l'ordre chronologique.

1. *Breves*, ... c'est-à-dire, Instruction abrégée adressée aux correspondans de l'académie sur les moyens de ramasser et de conserver les objets d'histoire naturelle pour former un muséum national. 1 vol. *in*-8°.

2. *Memorias*, ... c'est-à-dire, Mémoires sur les moyens de perfectionner la fabrication de l'huile en Portugal, par J. Ant. Dalla-Bella, membre de l'académie. 1 vol. *in*-4°.

3. *Memoria*, ... c'est-à-dire, Mémoire sur la culture des oliviers en Portugal, par le même. 1 vol. *in*-4°.

4. *Memorias*, ... c'est-à-dire, Mémoires d'agriculture, couronnés par l'académie. 2 vol. *in*-8°.

5. *Paschalis Josephi Mellii Freirii, Historia juris civilis Lusitani liber singularis.* 1 vol. *in*-4°.

6. *Ejusdem institutiones juris civilis et criminalis Lusitani.* 5 vol. *in*-4°.

7. *Osmia*, ... Osmia, tragédie, couronnée par l'académie. *In*-4°.

8. *Vida*, ... c'est-à-dire, Vie de l'infant D. Duarte, par André de Rezende. 1 vol. *in*-8°.

9. *Vestigios*, ... c'est-à-dire, Restes de la langue arabe

n'approcherez jamais de l'académie de Lisbonne; vous n'aurez jamais, comme elle,

en Portugal, ou lexicon étymologique des mots portuguais qui viennent de l'arabe, composé par ordre de l'académie par le père J. de Souza. 1 vol. in-4°.

10. *Dominici Vandelli*, *Viridarium Grysley Lusitanium cum Linnœanis nominibus illustratum.* 1 vol. in-8°.

11. *Ephemerides nauticas*, ... c'est-à-dire, Ephémérides nautiques, ou Journal astronomique pour l'année 1789, calculé suivant le méridien de Lisbonne, publiées par ordre de l'académie, 1 vol. in-4°. Cet ouvrage, qui est comme la *Connoissance des tems*, a été publié depuis régulièrement chaque année.

12. *Memorias*, ... Mémoires économiques de l'académie, destinées à favoriser les progrès de l'agriculture, des arts et de toutes les branches de l'industrie dans le Portugal et ses colonies. 3 vol. in-4°. Le quatrième volume de cette collection intéressante est imprimé et va être publié. Cet ouvrage renferme quelques mémoires d'économie politique qui font honneur aux lumières et au patriotisme de leurs auteurs.

13. *Collecçao*, ... Collection des manuscrits relatifs à l'histoire des règnes de D. Jean I, D. Duarte, D. Alfonse V et D. Jean II. 3 vol. *in-folio*.

14. *Avisos*, ... Avis intéressant sur les asphyxies ou morts apparentes, publié par ordre de l'académie. 1 vol *in-*8°.

15. *Tratado*, ... Traité de l'éducation physique pour servir aux Portuguais, publié par ordre de l'académie et rédigé par Francisco de Mello, un de ses membres. 1 vol. in-4°.

16. *Documentos*, ... Renseignemens arabiques sur l'histoire de Portugal, copiés sur les manuscrits de Torre do

l'avantage de donner à vos compatriotes des listes raisonnées, des listes méthodi-

Tombo, et traduits en portugais par Fr. Jo. de Sousa, membre de l'académie. 1 vol. *in*-4°.

17. *Observaçoes*, ... Observations sur les principales causes de la décadence de la puissance portugaise en Asie, écrites par Diogo de Conto, en forme de dialogue, sous le titre de *Soldado Pratico*; publiées par ordre de l'académie par Ant. Caet. do Amaral, un de ses membres. 1 vol. *in*-8°.

18. *Flóra Cochinchinensis : sistens plantas in regno Cochinchina nascentes. Quibus accedunt alice observatie in Sinensi imperio, Africa orientali, Indiæque locis variis. Labore ac studio Joannis de Loureiro regiæ scientiarum academiæ Ulyssiponensis socii. Jussit academiæ in lucem edita.* 2 vol. *in*-4°. Le père Loureiro, un des missionnaires des plus instruits qui ait jamais visité la Chine et la Cochinchine, en a rapporté une grande collection et a publié outre ce *Flora*, plusieurs mémoires très-curieux. Il est mort depuis trois ans. Son *Flora* a été réimprimé en Allemagne. Il a introduit dans les jardins d'Europe plusieurs plantes remarquables, entre autres l'*hedysarum Vespertilionis*. L.

19. *Synopsis*, ... Tableau chronologique des subsides pour servir à l'histoire et à l'étude critique de la législation portugaise, publié par ordre de l'académie par J. A. de Figueiredo, son correspondant. 2 vol. *in*-4°.

20. *Tratado*, ... Traité de l'éducation physique pour la nation portugaise, publié par ordre de l'académie par Fr. Jos. de Almeida, son correspondant. 1. vol *in*-4°.

21. *Obras*, ... OEuvres poétiques de Pedro de Andrada Caminha, publiées par ordre de l'académie. 1 vol. *in*-8°.

ques, des listes savantes de vos concitoyens, de leurs noms, de leurs emplois,

---

22. *Advertencias*, ... Remarques sur l'usage des eaux minérales connues sous le nom de *Caldas da Rainha*, publiées par ordre de l'académie par Fr. Tavares, membre de cette académie. 1 vol. *in*-4°.

23. *Memorias*, ... Mémoires de littérature portugaise. 4 vol. *in*-4.

24. *Fontes*, ... Sources du code de Philippe, par J. Ferreira Gordo, correspondant. 1 vol. *in*-4°.

25. *Diccionario*, ... Dictionnaire de la langue portuguaise. 1 vol. *in-fol*.

26. *Compendio*, ... Abrégé de la théorie des limites, ou introduction à la méthode des fluxions, par Fr. de Borja Garçao Stockler, membre de l'académie. 1 vol. *in*-8°.

27. *Ensaio*, ... Essai économique sur le commerce du Portugal et de ses colonies, par J. Joaq. da Cunha de Azeredo Coutinho, membre de l'académie, évêque de Fernambouc. 1 vol. *in*-8°. Cet ouvrage est rempli d'excellentes vues et de faits précieux.

L'académie a imprimé, mais non encore publié, le premier volume de ses *Mémoires des sciences*, où il y a plusieurs écrits très - intéressans. *Les tables perpétuelles astronomiques pour servir à la navigation portugaise*. Le cinquième volume de ses *Mémoires de littérature portugaise;* des *Mémoires pour servir à l'histoire des nations d'outremer;* et enfin, un memoire plein de philantropie et d'observations curieuses dont l'auteur a remporté le prix qu'elle avoit proposé sur la question suivante : « Déterminer avec « tous leurs symptômes les maladies aigues ou chroniques « qui attaquent le plus souvent les Nègres récemment tirés

de

de leurs demeures, des jours où l'on baise la main de vos princes, des jours où les tribunaux sont en activité, des jours où les bureaux des ministres, des douanes, du sel, du tabac, sont ouverts ou fermés, des jours où l'on doit manger gras ou maigre, des solemnités des différentes églises, des processions, des foires.

---

« d'Afrique ; examiner les causes de leur mortalité depuis
« leur arrivée au Brésil ; savoir si le changement de cli-
« mat, une vie plus laborieuse, ou d'autres causes, con-
« courrent à produire parmi eux cette mortalité ; et enfin,
« indiquer les méthodes les plus propres à prévenir ces
« maux, ou à les guérir ; le tout fondé sur l'observation. »

L'almanach dont l'auteur de cet ouvrage a cru devoir plaisanter est semblable à notre ancien *Almanach royal*, commode par conséquent pour les personnes qui ne veulent pas perdre du tems à chercher des adresses.

*Note de l'éditeur.*

## TROUPES DE TERRE.

Vingt-neuf régimens d'infanterie et dix régimens de cavalerie ou de dragons, forment l'armée de terre du Portugal; ils comprennent environ trente mille hommes, lorsqu'ils sont complets. On y compte cent quatre colonels, quatre-vingt-dix-sept lieutenans-colonels, et cent cinquante majors en activité, ou retirés, ou simplement brevetés.

Le corps du génie est composé de quatre-vingt-dix huit officiers, dix colonels, treize lieutenans-colonels, dix-huit majors, trente-trois capitaines et vingt-quatre lieutenans.

L'état-major de cette armée comprend quarante-deux officiers généraux, un maréchal général, un général de la cavalerie, un général de l'artillerie, trois inspecteurs généraux de l'infanterie, de l'artillerie et de la cavalerie, huit lieutenans généraux, et vingt-huit maréchaux-de-camp. Le grade de brigadier a été supprimé le 15 décembre 1790.

On n'engage point des hommes en Portugal pour être soldats; on les prend de force. Chaque communauté est obligée à en fournir à son tour; celui qu'elle choisit doit marcher sous peine d'être traité comme déserteur. C'est un homme qui perd sa liberté à jamais, qui n'a aucun espoir d'être jamais rendu à lui-même, à ses foyers, à sa famille. La durée du service n'est point fixée à un tems limité; quand on est soldat, on l'est pour toute sa vie, à moins que des infirmités ou la vieillesse ne mettent hors d'état de servir: on est renvoyé alors; mais l'état ne pourvoit point à la subsistance du malheureux invalide.

Les soldats sont très pauvres en Portugal. Ils ne sont point casernés; ils se logent, sur-tout à Lisbonne, où ils veulent, et comme ils peuvent. Ils sont presque tous mariés; ils ont leurs familles, leurs ménages, leurs femmes, leurs enfans. Leurs besoins se multiplient; ils se renouvellent tous les jours; leur solde modique ne peut y suffire. Aussi portent-ils presque tous l'empreinte de l'indigence et de la misère;

ils sont même forcés souvent à solliciter la charité des passans; ils est très-ordinaire de voir à Lisbonne un homme au service de son prince, revêtu de son uniforme, demander l'aumône et tendre la main pour recevoir une petite pièce de monnoie.

Les officiers sont eux-mêmes réduits quelquefois à descendre à ce degré d'humiliation : ils arrêtent les passans dans les rues; ils leur parlent bas; ils leur exposent secrètement leurs besoins. Ils vont aussi dans les maisons; ils y envoient leurs femmes, leurs enfans. J'ai reçu moi-même plusieurs demandes pareilles.

La forme de l'uniforme des troupes portugaises ne contribue point à leur donner un air de propreté, ni une tournure martiale. Les soldats n'ont point d'habit; ils n'ont qu'une veste fort courte. Ils ne portent point de guêtres, ni même de bottines; leur soulier, sans oreilles, sans cordons, sans boucles, se prolonge sur la cheville à la hauteur de trois ou quatre pouces, en forme de demi-brodequin; il ne peut jamais être assez juste, ni assez serré ; lorsqu'il commence à perdre sa première fermeté, il monte et il descend à chaque pas qu'on fait, et paroît prêt à sortir du pied ; ce qui donne aux troupes une démarche comme vacillante : cette chaussure donne encore aux soldats l'air d'autant d'estropiés, auxquels on a mis des demi-brodequins pour contenir les parties blessées, contuses ou luxées.

La cavalerie portugaise est la plus mal montée de toute l'Europe. Ses chevaux sont de tailles inégales, maigres, efflanqués, mal soignés, mal tenus, mal harnachés. Un usage abusif, qui est connu de tout le monde, qu'on tolère cependant, y contribue beaucoup. Les capitaines sont chargés de la manutention de leurs compagnies ; ils reçoivent du gouvernement le prix de la nourriture de leurs chevaux ; ils n'en gardent cependant et ils n'en nourrissent que le nombre nécessaire pour le service journalier ; ils prêtent les autres à des particuliers, qui les emploient aux travaux qui conviennent à leurs intérêts, à la charge de les nourrir et de les représenter les jours des revues ou lorsque toute la compagnie doit prendre les armes. Les capitaines sont ainsi déchargés de la nourriture de tous ces chevaux, qui tourne absolument à leur bénéfice; les chevaux sont cependant excédés de fatigue, et hors d'état de faire le service, lorsque cela est nécessaire.

Les troupes portugaises, sous les armes n'ont aucune apparence; il n'y en a point qui aient moins la tournure martiale. Les hommes sont petits, mal tournés, souvent rabougris, plus souvent encore cagneux; ils sont mal habillés, mal chaussés, mal montés, encore plus mal exercés; ils n'ont ni propreté dans la tenue, ni fierté dans le maintien, ni égalité dans la marche, ni légéreté dans l'action, ni précision dans les manœuvres. Les Portugais les croient cependant les plus belles troupes de l'univers.

## MARINE ROYALE.

Huit vaisseaux de ligne et six frégates font toutes les forces maritimes du Portugal. Elles sont commandées par deux lieutenans-généraux et trois chefs d'escadre; il y a huit chefs de division, autant que de vaisseaux. Le corps de la marine est composé de huit capitaines de vaisseau, d'onze capitaines de frégate, de trente trois capitaines - lieutenans, de vingt - deux premiers lieutenans et de vingt-deux seconds lieutenans.

Il n'y a rien de si plaisant que de voir cette escadre appareiller et mettre à la voile. On se démène, on va, on vient, on tire, on lache, et on ne vient à bout de rien. Celui qui commande ne connoît point la manœuvre ; il commande à tort et à travers : celui qui obéit n'entend rien au commandement ; il ne sait et ne peut l'exécuter.

J'ai vu sortir et rentrer cette escadre ; chaque fois un vaisseau a touché à un rocher qui est à l'embouchure de la rivière.

Les Anglois ont fait voir, pendant la guerre actuelle avec la France, le peu de cas qu'ils font des talens du corps de la marine portugaise. Six vaisseaux de cette nation ont été, selon les traités, se joindre aux escadres angloises; des officiers anglois ont été envoyés pour les conduire à Portsmouth, où ils ne seroient peut-être jamais arrivés sans eux. Cette petite escadre a fait le même chemin au commencement et à la fin de chaque campagne; mais ce n'a été qu'une promenade; les Anglois l'ont trop dédaignée pour vouloir l'employer; ils l'ont laissée se reposer tranquillement dans la rade de Spithead, tandis que leurs escadres couroient les mers; elle n'en est jamais sortie, que pour retourner en Portugal.

## COLLÈGE DES NOBLES.

A ce nom, tout le monde croira que c'est une espèce d'école militaire, ou au moins un établissement destiné à l'éducation de la jeune noblesse, dû à la bienfaisance du prince, payé, stipendié, entretenu aux frais du souverain : on sera dans l'erreur.

Ce beau nom, ce grand nom se réduit à un simple pensionnat où les jeunes gens sont élevés aux frais de leurs parens, où ils ne sont reçus qu'autant qu'ils sont en état de payer. La pauvre noblesse en est exclue, parce qu'elle n'a point d'argent à donner, et la bourgeoisie y est admise quand elle peut fournir à la dépense nécessaire. Le prix de la pension est de 120,000 raisons, ou 750 livres tournois par an. Il y avoit, en 1793, trente-huit pensionnaires.

Cet établissement est dirigé par un recteur et un vice-recteur ; il a huit maîtres pour apprendre à lire et à écrire, pour les langues latine, grecque et françoise, pour la rhétorique, pour l'architecture et le dessin, et pour l'histoire ; un maître de violon, un maître de danse et un maître d'escrime.

Ces différens maîtres sont payés très-mesquinement ; aussi sont-ils très-médiocres. L'éducation qu'ils donnent est proportionnée à leurs talens et aux soins qu'ils prennent de leurs élèves d'une manière qui répond à la modicité de leur salaire. Cette éducation n'est point brillante, et ce collège n'a pas produit encore un sujet qui puisse être un peu distingué dans la foule.

## ARTS.

Les arts sont encore dans l'enfance en Portugal : on y chercheroit vainement un artiste, même médiocre.

La peinture y est nulle, la sculpture effroyable ; la gravure à peine ébauchée, l'architecture sans goût, l'orfévrerie grossière, l'imprimerie négligée, les arts mécaniques arriérés de deux siècles.

Le Portugal n'a jamais produit un peintre qui ait mérité de figurer parmi les artistes médiocres; on ne connoît point un seul tableau dont il puisse se glorifier. Tous ceux qu'on voit à Lisbonne, échappés du pinceau de peintres nationaux, sont sans dessin, sans correction; ils pêchent tous par la composition, par le choix et la disposition des sujets, par la touche, par le coloris; ils ont un ensemble lourd et monotone, un coloris forcé; ils sont montés en couleur, et ressemblent à des enluminures: ce sont de vraies enseignes à cabaret. Il y a eu quelques peintres passables en portraits, dont on voit les ouvrages sans dégoût; mais ils étoient étrangers.

Les peintres actuels ne sont que des barbouilleurs. Leur seul talent est de décorer l'intérieur des appartemens, d'en orner les murs et les plafonds, de quelques festons, de quelques guirlandes, de quelques fleurs, de quelques mauvais médaillons; encore leurs ouvrages sont-ils sans grace, sans délicatesse, sans élégance; ils sont par-tout les mêmes. Ces peintres ne savent ni varier leurs dessins, ni diversifier les sujet; ils sont perdus lorsqu'ils s'avisent de faire des figures humaines; elles réunissent tous les genres du ridicule le plus complet.

On ne cite, on ne fait voir, on ne trouve ni une statue passable, ni un buste médiocre, ni une urne exécutée avec grace, ni un vase fait avec goût, ni aucune espèce d'ornemens élégans et délicats qui soient sortis des ciseaux des sculpteurs portuguais. Lisbonne a cependant beaucoup de manouvriers qui se donnent ce nom; mais tous leurs talens se réduisent à faire quelques mauvais ornemens d'autels et des statues de saints, ridiculement disproportionnées et grossièrement exécutées.

La gravure marche de pair avec la peinture et la sculpture. Lisbonne a quelques graveurs en taille-douce qui sont Portuguais; mais il n'est sorti de leurs burins aucun ouvrage, même médiocre; ils ressemblent tous à ces estampes à gros grain, à peine ébauchées, grossièrement terminées, dont on orne ordinairement les éditions contrefaites de *Don Quichotte*, de *Gilblas de Santillane*, du *Bachelier de Sa-*

*lamanque*, de *Lazarille de Tormez*. Il a paru depuis quelques tems dans cette ville quelques petits ouvrages assez bien exécutés ; mais on les doit à un graveur françois qui s'y est établi.

Le premier coup-d'œil des nouveaux édifices de Lisbonne donne une idée un peu avantageuse de l'architecture portugaise ; mais, en les examinant avec attention, on voit que cet art n'est pas plus avancé que les autres arts libéraux. Un architecte conçut le plan des premiers édifices construits après le tremblement de terre de 1755, ou bien il exécuta le plan que le marquis de Pombal avoit fait venir d'ailleurs ; tous ceux qui l'ont suivi l'ont imité servilement. On retrouve par-tout le même goût, le même genre, la même exécution, dans les maisons des particuliers, dans les temples, dans les édifices publics ; on n'y apperçoit que quelques petits changemens, quelques légères variations, quelques modifications particulières qui dépendent du caprice du constructeur, mais qui ne dénaturent point le genre généralement adopté. Tous ces édifices sont plutôt le triomphe de la maçonnerie, que celui de l'architecture.

L'orfévrerie et la bijouterie sont encore plus reculées. Il n'y a rien de plus mat, de plus massif, de plus grossier, que les ouvrages des orfèvres et des metteurs en œuvre portuguais ; ils sont riches en matière ; ils ont beaucoup d'or, beaucoup d'argent ; mais ils n'ont ni élégance, ni délicatesse ; il n'y en a aucun qui soit fini. S'il se fait quelque ouvrage passable, il sort des mains des ouvriers françois qui sont établis à Lisbonne.

L'imprimerie n'est pas plus avancée : les caractères sont anciens, grossièrement exécutés ; ils n'ont ni netteté, ni correction ; les éditions sont mal soignées et incorrectes ; le papier est d'un petit format et d'une teinte bise. A peine peut-on citer dix éditions passables, sorties des presses de Lisbonne ; encore ont-elles été exécutées avec des caractères qu'on a fait venir de Paris.

La reliure est encore pire. On n'y connoît point le veau ; on n'y emploie qu'une mauvaise basane, lâche, molle, inégale et sillonnée. Les livres sont mal cousus ;

les feuilles en sont lâches et vacillantes. La rognure est inégale; elle attaque quelquefois la partie imprimée; on laisse peu de blanc; on s'embarrasse peu de la beauté des grandes marges. Les transpositions sont fréquentes; les tranches, les couvertures sont mal peintes, encore plus mal dorées. Si on trouve quelque reliure mieux faite, une élégante, elle est d'un relieur françois, que les relieurs portugais ont persécuté pendant long-tems pour l'empêcher de travailler mieux qu'eux.

Les artisans n'y sont ni adroits, ni jaloux des progrès de l'art qu'ils exercent; ils n'ont le génie ni inventif, ni même imitatif; ils ne font, ils ne savent faire, ils ne veulent faire que ce qu'on leur a enseigné, que ce qu'ils ont fait, que ce qu'ils ont vu faire. On réussit difficilement à leur faire exécuter ce qu'ils n'ont jamais vu. J'ai connu une personne qui n'a pas pu parvenir à faire faire un cadre de lit, destiné à s'allonger la nuit et à se replier le jour pour être enfermé dans une armoire. En général, les Portugais travaillent lentement; ils donnent à leurs ouvrages une tournure lourde, forcée, guindée, gauche, désagréable; si on voit quelques souilliers bien faits, quelques habits bien coupés, bien tournés, ils sont de cordonniers et de tailleurs françois ou anglois.

La couture est également très-reculée; les bonnes couturières de Lisbonne, les bonnes ouvrières en linge sont presque toutes Irlandoises.

Les Portugais s'extasient cependant à la vue de leurs artistes et des ouvrages qui sortent de leurs mains; ils ne cessent de les vanter; ils ne cessent de célébrer leurs progrès dans les arts; mais, malgré tout leur enthousiasme, malgré toute leur prévention, ils accueillent avec empressement tout ce qui leur vient de la France ou de l'Angleterre.

CLERGÉ.

## CLERGÉ.

C'est ici le pays des moines, bien plus encore que celui des prêtres séculiers (1) ; c'est ici que les moines ont établi le siège de leur empire, le siège de leur despotisme ; c'est ici où ils dirigent à leur gré les ames et les personnes, les consciences et les familles, où ils protègent tout ce qui leur est soumis, où ils écrasent tout ce qui leur résiste ; c'est ici où ils traitent le clergé séculier avec un dédain impérieux, où ils communiquent à tous les individus

---

(1) « Le clergé du Portugal est beaucoup trop puissant, et multiplié dans une proportion trop forte en comparaison de la population ; car les moines, prêtres ou religieuses passent deux cent mille dans ce royaume qui ne contient que deux millions d'ames.... Le clergé du Portugal est fort ignorant est fort dissolu.... Les moines vivent dans le libertinage le plus effréné, et les religieuses ont été jusqu'à présent des courtisanes cloîtrées.... Ce scandale a été un des points de la sévérité du comte d'Oyeras ; il a servi de prétexte à sa politique pour diminuer le nombre des couvens, et les restreindre à des règles austères ; ce qui n'a pas cependant entièrement déraciné le mal : le clergé mâle et femelle du Portugal peut encore passer pour un des plus libertins et des plus corrompus de la chrétienneté. »

*Etat présent du royaume de Portugal.*

S

le mépris insultant dont ils l'accablent.

Le clergé séculier est très-nombreux en Portugal ; mais il n'y jouit d'aucune considération : il ne fait rien pour la mériter : il n'en impose ni par sa science, ni par ses travaux, ni par son extérieur. Il n'a généralement presque aucune instruction ; il ne paroît presque jamais dans la chaire de la vérité ; il ne porte jamais l'habit clérical ; les curés eux-mêmes se montrent par-tout en habit court, en habit de couleur.

Cette classe du clergé est tellement en discrédit, que peu de personnes d'une naissance au-dessus de la médiocre veulent y entrer : elle est livrée aux dernières classes de la société. Quiconque demande les ordres sacrés les obtient aisément, sans études, sans examens, sans enquête sur les mœurs, sans épreuves dans des séminaires.

Le mépris pour cette classe est si général, qu'il rejaillit sur les prêtres séculiers des autres nations qui arrivent à Lisbonne, quelles que soient leurs lumières. Les Portuguais ne peuvent se persuader qu'un homme bien né, qu'un homme instruit puisse être prêtre séculier.

La pauvreté du clergé séculier contribue à le tenir dans la dépendance des moines. Il y a beaucoup de prêtres, et très-peu de bénéfices; il y en a au moins les trois quarts qui sont sans emploi, et très-embarrassés pour pourvoir à leur subsistance. Ceux-ci courent après les messes; ils vont en solliciter d'église en église, sur-tout de couvent en couvent; ils font bassement leur cour aux sacristains des maisons religieuses pour en obtenir, surtout de celles qui se paient à un prix supérieur au taux ordinaire.

Le clergé régulier est plus instruit, il a une tenue plus décente. Ce sont les moines qui annoncent la parole de Dieu; ce sont les moines qui assistent les mourans; ce sont les moines qui volent au secours d'une famille affligée; ce sont les moines qui occupent le plus le tribunal de la pénitence.

Chaque couvent a ses *cordons bleus*, ses anciens. Ceux-ci ont l'extérieur grave, la figure sérieuse sans austérité, le discours compassé sans affectation, la contenance imposante, et presque la dignité d'un prélat. Ils sont humbles, modestes, caressans, flatteurs, insinuans, persuasifs; ils s'insinuent par-tout; par-tout ils sont bien reçus; par-tout ils sont vus de bon œil.

Les jeunes moines sont légers, évaporés, étourdis, coureurs; on ne voit qu'eux dans les rues; on leur trouve un air de dissipation peu conforme à leur état : ils affichent l'insubordination, l'indépendance, le désœuvrement, quelquefois l'indécence, on peut dire même la dépravation des mœurs. Ils ne sont reçus dans aucune bonne maison; ils s'y trouveroient eux-mêmes déplacés. On leur pardonne leurs écarts en faveur des vertus qu'on suppose à leurs anciens et de l'espoir d'un amendement dans leur conduite. Ils changent, en effet, à mesure qu'ils avancent en âge; ils sont méconnoissables à quarante ou quarante-cinq ans; ils deviennent alors ce qu'ont été leurs anciens.

Le portrait précédent n'est point celui des jeunes moines de toutes les maisons religieuses de Lisbonne; il en est quelques-unes où l'on observe avec soin les règles les plus strictes de la décence, de la discipline monastique et de l'édification publique.

Les moines sont ici très-puissans; ils sont les maîtres dans les maisons portugaises; ils influent singulièrement dans les affaires qui dépendent du gouvernement.

A peine sont-ils introduits dans les maisons, qu'ils étudient les caractères, qu'ils les flattent sans affectation, qu'ils s'insinuent dans la confiance, qu'ils prennent insensiblement un ascendant absolu. Autant ils ont été jusque là doux, humbles, complaisans, modestes, *patelins*, autant ils deviennent alors exigeans, impérieux; ils se rendent bientôt les maîtres; ils dominent les esprits, ils subjuguent les volontés; ils n'insinuent plus, ils ordonnent; ils ne conseillent plus, ils commandent: c'est à leur tribunal que se portent les questions les plus légères et les plus indifférentes, comme les plus graves et les plus difficultueuses; ils décident de tout.

Il faut obéir sans réplique ; malheur à celui qui oseroit leur résister.

Leur grande influence sur les particuliers leur en donne une infiniment puissante sur ceux qui gouvernent l'état. Ils en obtiennent tout ce qu'ils veulent. Si on les refuse, ils se réunissent entre eux ; ils forment une ligue redoutable ; ils font mouvoir tant de ressorts, ils soulèvent tant de personnes, qu'ils forcent les ministres dans leurs derniers retranchemens ; ils les font même quelquefois trembler : la cabale monacale est assez puissante pour les culbuter.

En un mot, on peut tout faire en Portugal par les moines.

Veut-on obtenir un emploi, une distinction, un grade ; veut-on se marier, même contre le gré de ses parens ; veut-on forcer un homme à épouser une fille qui n'a rien, une fille avec laquelle il n'a contracté aucun engagement, une fille même qu'il ne connoît point, qu'il n'aime point, on y réussit par les moines.

Veut-on applanir, faire disparoître des obstacles religieux, canoniques, civils, fondés sur les loix, fondés sur l'équité, on y parvient aisément si on a des moines pour protecteurs.

Veut-on conserver un bien qu'on retient injustement ; veut-on l'enlever, sous des titres précaires, à son légitime propriétaire, les moines font interpréter les loix à leur gré, et les tribunaux sont à leurs ordres.

Veut-on se soustraire aux recherches de la police, aux poursuites de la justice ; veut-on obtenir l'impunité d'un crime, on n'a qu'à se mettre sous la protection des moines : c'est une égide salutaire sous laquelle on est à l'abri de tout, sous laquelle on brave tous les pouvoirs ; sa puissance rompt toutes les barrières ; elle force tous les obstacles.

Les moines portugais sont des ennemis également puissans et cruellement vindicatifs : si on a eu le malheur de leur déplaire, de leur résister, de se refuser à ce qu'ils veulent, de les offenser, ils oublient dans l'instant les maximes de cette charité chrétienne, dont ils recommandent la pratique ; ils persécutent l'objet de leur haine ;

ils lui tendent des pièges ; ils donnent les couleurs les plus noires à ses actions les plus innocentes ; ils l'accablent : on n'échappe jamais à leur vengeance. C'est ici le lieu de s'écrier avec le poëte :

*Tantæne cœlestibus animis iræ ?*

Tant de fiel entre-t-il dans l'ame des dévots !

## RELIGION.

J'arrive à Lisbonne : un rideau rouge frappe mes regards ; il ferme la porte d'un grand édifice ; je le soulève, j'entre, je me trouve dans une église.

L'odeur de l'encens frappe mon odorat ; une musique bruyante, quelquefois discordante, se fait entendre ; deux cents cierges allumés sont placés sur des gradins disposés en amphithéâtre ; ils s'élèvent presque jusqu'à la voûte. Tout m'annonce une fête, une solemnité.

J'y vois une foule immense d'individus : quelques-uns fixent principalement mon attention ; ils semblent implorer à genoux l'Etre Suprême : les uns élèvent leurs yeux, ils les tiennent fixés sur la voûte céleste; ils paroissent attendre qu'elle s'ouvre à leurs prières : les autres, les bras croisés sur la poitrine, semblent ensevelis dans une méditation profonde : les autres, leurs bras étendus en forme de croix, imitent la posture de Jésus-Christ expirant. Quelques autres, pénétrés sans doute d'une componction plus vive, frappent leur poitrine à coups redoublés. Je les regarde tous ; je les contemple ; je suis édifié.

Un bruit assez animé de plusieurs voix qui se croisent, me fait tourner la tête. Je vois, dans le même lieu, des conversations suivies, des gestes, des signes, des éclats de rire ; j'y vois des personnes des deux sexes, se regarder, se sourire, se faire des signes d'intelligence, se parler à l'oreille, se serrer la main, se glisser des billets doux. J'y vois des femmes accroupies converser entre elles, des femmes debout s'arrêter au milieu de l'église, parler pendant long-tems d'une voix assez haute. J'y vois des hommes, des jeunes gens, ne pouvoir rester en place, aller, venir, pirouetter, changer de lieu, de posture, lorgner les dames, rire, badiner, tourner le dos à l'autel sur lequel on célèbre le sacrifice. Je suis scandalisé, autant que j'avois été édifié.

Je détourne mes yeux de ce spectacle scandaleux; je les ramène vers ces personnes pieuses qui avoient fixé ma première attention : quel étonnement j'éprouve de les voir elles-mêmes, après leurs prières finies, profaner également le temple du Seigneur, par l'indécence de leur maintien, par la volatilité de leurs regards, par la volubilité de leur langue, par le ton élevé de leur voix, par leur peu d'attention et de respect pour les mystères qu'on célèbre sous leurs yeux.

Je sors pénétré de l'indignation la plus vive. J'apprends que les mêmes scènes se répètent dans toutes les églises; que les plus grandes solemnités sont celles où elles sont plus fréquentes et plus animées; que c'est ainsi que les Portuguais honorent le Seigneur, sur-tout dans les jours consacrés à lui rendre un culte plus pur et plus solemnel. Je renonce aux fêtes, aux solemnités d'église ; je me réfugie dans une chapelle obscure ; j'y suis seul ; je puis m'y livrer au respect que je dois au temple de Dieu ; un spectacle profane et révoltant ne m'y trouble point dans l'hommage pur et respectueux que j'y rends à l'Etre Suprême.

Les pratiques extérieures de la religion suffisent aux Portuguais : ils se prosternent devant les images ; ils assistent à la messe les jours de fête, quelquefois tous les jours ; ils s'abstiennent de manger de la viande les jours où elle est défendue par l'église ; ils marmottent quelques prières ; ils disent le rosaire en s'occupant à d'autres objets, en se mêlant à la conversation, en l'interrompant à chaque instant. Ils croient avec cela avoir rempli les préceptes de la loi de Dieu.

Le respect dû au temple du Seigneur, l'attention respectueuse aux mystères qu'on y célèbre, la pratique des vertus morales et chrétiennes, l'amour du prochain, la charité évangelique, ne sont point pour eux des devoirs.

Ils viennent d'assister à la célébration

des mystères de leur religion, ils viennent d'offrir, en courant, des prières peu efficaces à l'Etre Suprême, ils viennent de se prosterner devant les images, ils viennent de se purifier dans le tribunal de la pénitence, dans le même instant ils refusent de secourir l'indigence ; dans le même instant ils vont nuire à leur prochain ; les uns vont le déchirer, le calomnier, les autres vont le voler, lui plonger un couteau dans le sein ; dans le même instant ils courent dans les lieux de prostitution, le mari manque à la fidélité qui lui est prescrite par la loi de ce Dieu qu'il vient d'adorer, et la femme vole dans les bras de son amant.

Il en est cependant qui osent déja braver l'opinion, et s'élever au-dessus de ce qu'ils appellent *le préjugé*. Les uns secouent ouvertement l'usage des pratiques religieuses ; les autres n'hésitent point à afficher l'incrédulité.

Les premiers ne remplissent les devoirs extérieurs de leur religion que lorsqu'ils ne peuvent s'en empêcher ; ils vont rarement à la messe, ou ils n'y vont que pour y être vus, ou pour y chercher un moyen d'amusement dans la compagnie qu'ils y trouvent; ils ne s'abstiennent de manger de la viande les jours où elle est prohibée, que lorsqu'ils se trouvent dans le sein de leur famille; il n'est pas rare de voir des jeunes gens, des hommes d'un âge mûr, des pères de famille aller dîner à l'auberge en carême pour y manger de la viande; tandis que leurs femmes et leurs enfans pratiquent dans leurs maisons l'abstinence prescrite par l'église.

Les derniers, ceux qui font un trophée de leur incrédulité, sont des espèces de demi-savans, qui croient qu'il est du bon ton d'adopter les opinions des prétendus philosophes modernes: ils croient se mettre à leur niveau; ils croient, en singeant leurs opinions, atteindre à leur célébrité; mais ils ne savent point qu'ils ne sont que des pygmées, qu'ils ne se haussent qu'à la faveur des échasses sur lesquelles ils se guindent, et qu'ils ne sont pas même apperçus, avec quelque soin qu'ils s'élèvent sur la pointe de leurs pieds.

De toutes les pratiques extérieures de la

religion, le devoir paschal est celui qui attire le plus l'attention et la vigilance du clergé portuguais.

Le curé parcourt toutes les maisons de sa paroisse dès le commencement du carême; il prend le nombre et les noms de tous les locataires. Chacun d'eux est obligé à Pâques à porter un billet de confession, lorsqu'il se présente à la sainte table, où on l'échange avec un billet de communion; il doit présenter ensuite celui-ci au curé, qui l'enrégistre à la marge du livre où son nom est inscrit.

Des peines canoniques et civiles sont infligées à ceux qui manquent à ce devoir. Leurs noms sont affichés aux portes des églises, et on leur refuse la permission de se marier; les juges civils leur infligent quelquefois des peines temporelles.

Cet usage, dont le motif peut être louable, a de grands inconvéniens : il y en aura toujours, lorsqu'on voudra violenter les consciences. Il donne lieu à des abus qui sont peut-être pires que le mal qu'on veut empêcher. Des hommes et des femmes se présentent plusieurs fois au tribunal de la pénitence et à la sainte table sous des noms supposés; il y prennent ceux des personnes qui veulent s'en dispenser, et qui leur achètent les billets qu'ils y reçoivent. On force encore beaucoup d'individus à s'approcher des sacremens, quoiqu'ils y soient mal disposés, sans aucune préparation, sans aucune componction; on leur fait faire des mauvaises confessions, des mauvaises communions; on multiplie ainsi les sacrilèges.

<blockquote>Il est avec le ciel des accommodemens,</blockquote>

a dit un de nos poëtes comiques: c'est ici le cas d'appliquer cette maxime.

Malgré toutes les précautions, on trouve les moyens de déjouer la vigilance des curés. Des sacristains sont chargés d'aller chercher les billets de ceux qui ont manqué à les porter eux-mêmes: on s'arrange facilement avec eux; moyennant douze vinteins, ou trente sols tournois, et au plus une croisade neuve, ou trois livres tournois, on obtient d'eux d'être inscrit sur le registre comme ayant remis le billet.

C'est ainsi que les Portugais savent éluder les loix de l'église et les précautions qu'on prend pour les faire exécuter. Un peu d'argent leur suffit ; mais celui qui n'en a point est puni : l'indigence a toujours tort.

## MAFRA, COUVENT NEUF.

La dévotion de nos pères, dans les siècles les plus reculés, fut le mobile de la fondation et de la dotation de beaucoup de monastères : la mode en est passée depuis long-tems en Europe ; mais elle se soutient en Portugal. Le siècle où nous vivons y a vu fonder deux grands monastères, remarquables par la magnificence de leur construction et par la richesse de leur dotation.

Le roi Jean V, mort en 1750, a fondé un couvent pour les moines franciscains, et la reine Marie, aujourd'hui régnante, a fait bâtir et a doté un monastère pour des religieuses carmélites : l'un et l'autre ont couté des sommes immenses pour leur construction ; des sommes encore plus considérables

considérables ont été employées à leur dotation.

Le premier, situé à Mafra, à quinze ou seize lieues de Lisbonne, est d'une étendue immense, beau, bâti avec autant de goût que de magnificence ; le dernier, qui est à Lisbonne, est également fort vaste; mais il est étranglé, sans développement, construit sans goût et avec une magnificence mal conçue et mal dirigée.

Que de réflexions à faire sur les dépenses monstrueuses que la construction et la dotation de ces inutiles monastères ont entraînées ! Chaque pierre en est arrosée des larmes du pauvre et du sang des peuples ; soixante-dix ou quatre-vingt individus absorbent ce qui suffiroit à l'entretien de deux mille familles ou au soulagement de vingt mille infortunés. . . . Je m'arrête ici ; le chapitre suivant présentera un nouveau champ à des réflexions du même genre.

# SIÈGE PATRIARCHAL DE LISBONNE.

Un autre établissement, fait encore de nos jours, auroit été autrefois le fruit de la fervente dévotion de nos pères; il a servi, dans ce siècle, à satisfaire la vanité du roi Jean V.

Ce prince a voulu singer la cour de Rome; il a voulu avoir une espèce de pape dans ses états; il a voulu qu'il fit partie de sa cour, qu'il fût sous sa dépendance : il a cru que la pompe, la magnificence du nouveau pontife réjailliroient sur le monarque qui l'auroit établi et dont il seroit dépendant.

Ce prince a fait supprimer le siège archi-épiscopal de Lisbonne; il a fait créer par le pape un siège patriarchal dans la même ville. Il y a fait attacher le titre, les honneurs, la dignité de cardinal; il lui a fait rendre presque les mêmes honneurs qu'on rend à Rome au souverain pontife; il a établi une pompe particulière, des cérémonies d'étiquette, un apparat imposant qui accompagne toujours le prélat, et qui lui a paru devoir relever singulièrement sa dignité aux yeux des peuples.

Il lui a formé une espèce de sacré collège, composé de vingt-quatre prélats, auxquels il a donné le nom de *principaux*, divisés en *principaux prémiciers* et *principaux prêtres*, avec le titre d'*excellence* et l'habit des cardinaux.

Il y a joint un autre collège de trente-six prélats inférieurs, divisés en quatre classes, en prélats mitrés, protonotaires, sous-diacres et acolites, avec l'habit des évêques et les titres d'*illustrissime* et de *monseigneur*.

Il a créé, sous ces deux collèges, un chapitre de douze chanoines, divisés en prêtres, en diacres et en sous-diacres, avec le titre de *seigneurie*.

Il y a ajouté un bas clergé, composé d'un inspecteur, de quarante-quatre bénéficiers et de trente-deux clercs bénéficiers.

Il a créé en même tems treize maîtres de cérémonie, un portier, deux gardes

des sièges, quatre gardes de la basilique, douze massiers, vingt-cinq bedeaux et appariteurs, quatre portiers, des chantres, des sacristains, des acolites, des enfans de chœur, et une école composée d'un recteur, d'un maître d'écriture, d'un maître de langue latine et de cinq maîtres de musique.

Ce tableau est effrayant par le nombre des individus qu'il présente. On y trouve un clergé de cent cinquante-neuf personnes, et une foule de ministres, d'officiers, d'employés subalternes, dont le nombre équivaut à celui du clergé.

Leur dotation a exigé des richesses immenses : on le verra par le tableau suivant de leurs revenus annuels.

|  | En monnoie de Portugal. | En monnoie tournois. |
|---|---|---|
| Patriarche, 140,000 croisades ou 350,000 liv. t..... | 56,000,000 r. | 350,000 liv. |
| 12 principaux primiciers, à chacun 5,200,000 rais, ou 32,500 liv. ........... | 62,400,000 | 390,000 |
| 12 principaux prêtres, à chacun 4,800,000 rais. ou 30,000 liv. ........... | 57,600,000 | 360,000 |
| 36 prélats, à chac. 1,600,000 rais. ou 10,000 liv. ..... | 57,600,000 | 360,000 |
| 12 chanoines, à chacun 1,000,000 rais. ou 6,250 l. | 12,000,000 | 75,000 |
| 12 bénéficiers d'ancienne création, à chac. 700,000 rais. ou 4,375 liv. ...... | 8,400,000 | 52,500 |
| 32 autres bénéficiers, à chacun 500,000 r. ou 3,125 l. | 16,000,000 | 100,000 |
| 32 clercs bénéficiers, à chacun 250,000 rais. ou 1,562 liv. 10 s............. | 8,000,000 | 50,000 |
| TOTAL. ........ | 278,000,000 r. | 1,737,500 liv. |

Il faut ajouter à cela les frais des maîtres de cérémonie, des portiers, des gardes, des massiers, des bedeaux, des appariteurs, des porteurs, des chantres, des sacristains, des acolites, des enfans de chœur, des maîtres d'école; on trouvera que la somme précédente arrive à deux millions de livres tournois : elle sera encore bien plus considérable, si l'on y ajoute les frais du culte divin, qui sont immenses.

Un pareil établissement ne peut avoir été fait qu'aux dépens des peuples, qui n'en retirent aucun avantage.

Ne seroit-il pas plus digne de la vigilance paternelle d'un souverain, de cette bienfaisance éclairée et soutenue qu'il doit à ses sujets, de faire des établissemens plus utiles ?

Le peuple portugais est dans la misère, et on étale à ses yeux un faste insolent, qui doit révolter l'indigence.

Ce peuple n'a point des secours dans sa misère, il n'a point d'asyle dans sa vieillesse, et on consacre à un luxe aussi effréné qu'inutile, des sommes immenses, qui soutiendroient l'existence et prolongeroient les jours de beaucoup de milliers d'individus.

Le pauvre languit dans sa cabane, le prisonnier meurt de faim dans son cachot, et une vanité ridicule absorbe des richesses prodigieuses, qui, mieux employées, soulageroient l'infortune.

Le ciel paroît avoir réprouvé depuis long-tems cet établissement ; la main du Seigneur s'est appésantie sur lui. Il a toujours été errant et vagabond ; il n'a jamais eu d'asyle assuré : il a changé six fois de siège dans l'espace de cinquante ans, et il n'en a jamais eu que d'emprunt ; il a été consumé trois fois par des incendies, dont on a toujours ignoré l'origine. Les murmures des peuples lui ont vraisemblablement attiré la malédiction du Seigneur.

Le feu roi don Joseph, pénétré de ces vérités, avoit résolu de détruire ce colosse ruineux d'une ridicule vanité : il le laissoit éteindre de lui-même ; il ne nommoit à aucune des places qui devenoient vacantes ; mais, sous le règne actuel, on s'est empressé à les remplir toutes.

## FEMMES.

Les hommes et les femmes paroissent faire en Portugal deux nations différentes : les hommes sont petits, mal tournés, rabougris, basanés, sans dignité dans l'action, sans noblesse dans la démarche, sans graces dans le maintien ; les femmes sont bien faites, bien proportionnées, bien élancées, blanches, animées, remplies de graces et d'agrémens ; elles ont de beaux yeux, une belle peau, une taille svelte, fine, délicate, le propos doux, séduisant, persuasif ; elles réunissent tout ce qu'il faut pour plaire.

Elles sont en même tems douces, aimables, affectueuses, caressantes ; elles savent se rendre intéressantes ; elles ont un esprit naturel, qui se développeroit agréablement, s'il étoit cultivé ; mais leur éducation est absolument négligée ; elles n'en reçoivent aucune ; elles sont abandonnées à elles-mêmes ; elles ne doivent qu'à la nature l'amabilité, l'affabilité et les autres qualités agréables qu'on découvre en elles.

L'amour les rend ingénieuses et adroites; leur esprit inventif, fertile en ressources, ne leur manque jamais au besoin. Exercées de bonne heure dans l'art de feindre, elles y excellent; leur visage ne se déconcerte jamais; la dissimulation s'y déguise sous le masque d'une innocente candeur; jamais une rougeur indiscrète ne trahit leur pensée; jamais elle ne trouble leurs plaisirs; elles paroissent avoir la vérité sur leurs lèvres; mais elle est rarement dans leur cœur.

Ce sont de vrais protées, elles prennent la forme qu'elles veulent, celle qui convient à leurs intérêts secrets; cependant elles sont bonnes, obligeantes, affectueuses, généreuses, amies intéressantes; elles ont le cœur assez bon pour se croire obligées à faire beaucoup d'heureux.

## DEMOISELLES.

Lisbonne a beaucoup de couvens de religieuses ; mais on n'est point dans l'usage d'y mettre les demoiselles ; elles restent auprès de leurs parens jusqu'au moment de leur mariage.

Elles n'en ont pas cependant plus de liberté : elles ne sortent jamais seules ; elles sont toujours sous les yeux de leurs mères. Il y en a qui ne sortent jamais, pas même les dimanches pour aller à l'église ; elles entendent la messe dans l'oratoire de leur maison. Toute communication avec les jeunes gens leur est interdite ; ceux-ci ne sont reçus familièrement dans aucune des maisons où il y a des demoiselles.

Cet usage paroît devoir mettre les demoiselles à l'abri de la séduction, à l'abri des occasions qui peuvent la rendre plus facile ; mais elles trouvent mille moyens d'éluder les précautions qu'on prend pour les garder.

La contrainte, l'oisiveté, une constitution ardente et toujours prématurée, développent chez elles un génie inventif; il n'y a point de ruse, d'expédient qu'elles n'imaginent; il n'y a point de moyen qu'elles ne mettent en pratique. Toujours amies des servantes, auxquelles leur garde est ordinairement confiée, elles les séduisent ou elles se laissent séduire par ces gardiennes mercenaires et infidelles.

A peine la mère fait-elle une absence, qu'elle est mise à profit. La mère dort après le dîner, elle dort pendant la nuit; ces deux momens sont précieux : les demoiselles savent en tirer parti à l'aide du secours toujours efficace des officieuses servantes.

Elles ne peuvent prévenir leurs amans par des billets : la plupart ne savent pas écrire; mais elles ont un langage qui leur est très-familier, que les Portugais entendent aisément, mais qui est inintelligible pour les étrangers. Elles parlent en plein jour avec leurs amoureux, de la fenêtre à la rue; elles parlent sans proférer une parole; des signes leur suffisent, et ces signes s'exécutent avec leurs doigts; elles soutiennent ainsi des conversations fort longues; elles expriment tout ce qu'elles veulent. Ces conversations muettes sont souvent très-animées; elles remuent leurs doigts dans tous les sens possibles avec une vîtesse, une agilité qu'il seroit difficile d'égaler.

## MARIAGES.

Les demoiselles veulent toutes se marier; elles entrevoient, dans le mariage, une apparence de liberté, une cessation de la contrainte qu'elles éprouvent. Aussi ne laissent-elles point échapper l'occasion d'avoir un mari, lorsqu'elle se présente; vieux ou jeune, beau ou laid, aimable ou bourru, étranger ou national, catholique ou protestant; c'est un mari : cela leur suffit; elles le prennent sans balancer. Leur fureur pour le mariage est si grande, qu'elles ne balancent point à sacrifier leurs amans secrets pour le premier venu qui parle sacrement; elles se promettent bien de s'en dédommager, lorsqu'elles le pourront.

De-là il est très-aisé à un homme de trouver une femme : il est presque certain de n'être jamais refusé. De-là une facilité inconcevable pour se marier. De-là cependant beaucoup de mariages malheureux, où le dégoût suit de près la bénédiction nuptiale, où la discorde marche à la suite, où le mari, presque toujours la victime des ruses, des caprices, de l'insouciance de sa femme, maudit mille fois le lien qu'il a contracté avec trop de facilité.

Malheur à l'homme qui s'est oublié jusqu'à faire une promesse de mariage, écrite ou verbale, à une demoiselle, à une fille même du commun : on le force bientôt à l'épouser. Tout se réunit contre lui, les parens, les prêtres, les moines, les loix du pays, les tribunaux ; il faut une protection bien puissante pour s'y soustraire. La cour s'en mêle quelquefois ; un ordre supérieur enjoint au prometteur imprudent de former un nœud qui doit faire le malheur de sa vie. Il faut obéir ; cet ordre est expédié par un ministre, au nom d'une reine qui n'en sait rien ; il n'en est pas moins impératif.

Cet abus étoit porté autrefois à un excès inconcevable. On supposoit souvent des promesses ; on en exigeoit l'exécution à tout âge, sans preuves, sur la simple déclaration de la fille : il suffisoit de l'avoir fréquentée. La reine actuelle a mis un frein à *la cupidité maritale* des filles ; elle a borné la faveur de la loi à celles dont le jeune âge peut les faire supposer plus susceptibles de séduction ; elle a fixé l'âge de dix-huit ans, après lequel elles sont irrécevables à former aucune action pour fait de mariage.

Cette loi est sage ; cependant on l'élude tous les jours, et elle devient presque inutile. Les tribunaux la suivent avec exactitude ; ils n'ont aucun égard à l'action intentée par des filles qui passent l'âge fixé ; mais, le croira-t-on ? la loi devient nulle, et l'influence des loix ne sert de rien.

Quel que soit l'âge de la fille prétendue séduite, quels que soient les ruses, le manège, les détours dont elle s'est servie au contraire pour séduire, il se trouve toujours des moines prêts à prendre sa défense. De quoi ne vient point à bout en Portugal la gent encapuchonnée !

Les moines crient au scandale, au maintien des mœurs, à la réparation de l'honneur outragé, au soutien de l'innocence séduite, et c'est quelquefois une innocence de vingt-cinq ans, bien déniaisée, bien instruite, bien endoctrinée : ils soulèvent les moines leurs confrères, les confesseurs, les religieuses ; tous réunis soulèvent quelques grands, quelques dames de la cour ; ils gagnent quelques secrétaires ; ils arrachent enfin au despotisme ministériel un ordre sans réplique pour épouser. Il faut obéir à cet ordre, quoique donné contre la teneur de la loi de l'état, sous la peine d'encourir l'indignation et la vengeance du ministre qui l'a expédié au nom d'une reine qui n'en sait encore rien.

C'est ainsi qu'on se joue des loix sacrées et civiles, des loix de l'église et de celles de l'état.

C'est ainsi que les ministres du souverain osent enfreindre ouvertement une loi dont ils devroient maintenir l'exécution, qu'ils s'attribuent la connoissance d'affaires qui sont du ressort des tribunaux, qu'ils s'érigent en juges, tandis qu'ils ne doivent être que les préposés passifs du souverain qui ne doit jamais juger, qu'ils jugent enfin sans connoissance de cause, sur la simple déclaration d'une partie intéressée, sans entendre dans ses défenses la partie qu'ils condamnent.

C'est ainsi que les ministres du Seigneur, enfreignent la loi de Dieu, la loi de l'église, qui exigent un consentement libre et volontaire de la part des parties contractantes.

C'est ainsi que ces ministres de paix, d'union, de concorde, forment des liens forcés, des liens malheureux, qu'ils réunissent, pour la vie, des individus qui se détestent, qu'ils établissent des ménages où la discorde ne cesse de régner, qu'ils font le malheur éternel de deux êtres, qui auroient pu être heureux l'un sans l'autre.

Les formalités que l'église observe à Lisbonne pour les mariages, paroissent repoussantes pour les étrangers; elles rendent leurs mariages très-difficiles.

On

On leur oppose des difficultés sans nombre, relatives à leur patrie, à leur naissance, à leur âge, à leur état de célibat, de veuvage, de mariage antécédent, à leur catholicité, etc. etc. etc. On les traîne pendant long-tems, on les tracasse, on les vexe.

Plusieurs renoncent au mariage ; mais ceux qui connoissent les usages applanissent bientôt toutes les difficultés. Avec des protecteurs, ou avec de l'argent glissé secrètement dans les mains d'un secrétaire, d'un commis, d'un greffier de la cour ecclésiastique, ils obtiennent tout de suite la permission de prouver tout ce qu'ils veulent par témoins. Deux témoins suffisent : il n'est point difficile de se les procurer (1). Ces témoins, sans avoir jamais vu ni connu l'épouseur, affirment, moyennant serment, qu'il est né tel jour, telle année, dans telle ville de France, d'Espagne, d'Italie, d'Allemagne, d'un tel son père, qu'il n'est marié ni dans son

---

(1) Voyez l'article *Faux témoins*, page 318.

V.

pays, ni en Portugal, ni ailleurs, qu'il est de la religion catholique, apostolique, romaine, etc. etc. etc.; moyennant cette petite formalité, on fait publier les bans, on obtient la permission, et on se marie en peu de jours.

Telle est la vicissitude des choses humaines; ce qui est très-difficile dans certains cas, devient très-aisé dans d'autres; ce qui est très-difficile pour contracter des nœuds volontaires, des nœuds assortis, devient très-aisé pour former des nœuds forcés, des nœuds malheureux qu'on contracte avec répugnance.

Ces difficultés disparoissent à la voix impérieuse et inflexible d'un moine; elles disparoissent pour ces mariages forcés que l'épouseur contracte malgré lui, et uniquement pour se soustraire à la tyrannie ministérielle et à la vengeance monacale. On se marie sur-le-champ, sans cérémonies, sans formalités, sans s'enquérir de sa naissance, de sa religion, sans examiner s'il est dans l'âge autorisé par les loix, sans consulter son état, s'il est garçon, veuf ou engagé dans les liens du mariage : tout devient indifférent ; il faut qu'il se marie, quelque chose qu'il en soit : toute réclamation devient inutile.

Les cérémonies de la célébration du mariage se font très-lestement à Lisbonne ; on y procède à toutes les heures du jour et de la nuit, dans l'église et dans les maisons particulières. On fait venir le curé chez soi ; il vous marie à côté de votre lit, et vous n'avez qu'un saut à faire pour passer du pied du pasteur au lit conjugal. Le plus ou moins d'argent fait tout : ce métal applanit toutes les difficultés.

Il se fait à Lisbonne beaucoup de mariages entre protestans et catholiques; mais on n'y procède qu'après avoir obtenu une dispense du pape; il faut encore que la future épouse soit celui des deux individus qui professe la religion catholique romaine ; on ne permettroit point à un catholique d'épouser une protestante. Le motif de cette prohibition est fondé sur l'empire qu'on suppose à la femme sur l'esprit de son mari, et qui fait espérer qu'elle le ramenera insensiblement à sa religion. Les enfans qui naissent de ces mariages, sont élevés dans deux religions différentes, les mâles dans celle du père, les filles dans celle de la mère.

On observe une cérémonie singulière dans la célébration des mariages entre catholiques et protestans : on ne permet point l'entrée de l'église au protestant ; on fait le mariage à la porte du temple ; la future est à genoux en dedans, le futur reste en dehors. Cependant le curé prend également l'argent protestant et l'argent catholique : il repousse l'hérétique ; mais il ne repousse point l'or qu'il en reçoit.

## CHIENS PUBLICS.

Une multitude de chiens maigres, efflanqués, galeux, errans, vagabonds, frappe désagréablement la vue des étrangers dans toutes les rues de Lisbonne ; les Portuguais y sont accoutumés ; ils n'y font aucune attention. Ces chiens n'ont point de maîtres ; ils n'appartiennent à personne ; ils n'ont ni feu ni lieu ; ils n'ont d'autre gîte que dans les rues ; ils ne se nourrissent que de ce qu'ils y trouvent ; ils sont toujours affamés.

Dans le jour ils courent les rues ou bien ils se réfugient sous les portes, dans le fond des allées, dans les écuries des loueurs de chaises ; mais la nuit, lorsque le moment de jeter les ordures dans la rue est arrivé, ils se rassemblent par troupes de quarante, de cinquante, devant les cabarets et les tavernes ; ils y attendent qu'on jette les balayures, les ordures, les pelures, les os, les lavures de vaisselle de la journée. Dès que l'heureux moment arrive, ils tombent dessus avec voracité ; ils y cherchent de quoi appaiser leur faim ; ils dévorent tout ce qu'ils y trouvent.

Ce repas est toujours tumultueux ; le bruit de leurs mâchoires se fait entendre à une certaine distance ; ils se pressent, ils se poussent, ils se repoussent mutuellement ; ils grognent les uns contre les autres ; quelquefois ils se battent, ils se mordent, ils se déchirent pour s'arracher les restes, déja rongés, des animaux de la maison.

Il est dangereux de passer trop près

d'eux; ils croient qu'on veut soustraire à leur faim quelques-uns de ces restes insipides; quelques morsures sont le prix de l'imprudence ou de l'inattention du passant.

Leur repas fini, ils se retirent; chacun va gagner un perron, l'encoignure d'une borne ou le dessous d'une porte, pour y passer la nuit, jusqu'à ce qu'à l'arrivée du jour ils se répandent de nouveau dans les rues.

## GALLEGOS.

Une race grande, nerveuse, forte, vigoureuse, leste, agile, à la tête haute, aux yeux pétillans, au ton fier et décidé, se fait distinguer à Lisbonne : on la retrouve par-tout, sur les places, aux coins des rues, sur le pont, le long de la rivière, aux portes des magasins, dans les atteliers, aux travaux publics; elle est toujours prête à servir ceux qui veulent l'employer; elle n'offre point ses services; elle attend avec une fierté tranquille qu'on les lui demande.

Cette race frappe l'œil de l'observateur; il n'y retrouve aucun des caractères, aucune des nuances, aucune des manières, du peuple portuguais; il la croit une race privilégiée, une race qui n'a point éprouvé l'influence des causes physiques et morales, de ces causes multipliées qui ont contribué à abâtardir l'espèce humaine en Portugal. Son coup d'œil est juste; sa conséquence a quelque fondement; mais sa surprise cesse lorsqu'il apprend que cette race est une colonie étrangère, qui ne fait que passer, qui se renouvelle toujours, qui renaît de ses pertes, sans laquelle le commerce manqueroit de bras, sans laquelle les travaux publics languiroient, qui travaille sans cesse, qui recueille l'or des Portuguais, qui le rapporte dans sa patrie, qui contribue ainsi à appauvrir le pays qui l'enrichit.

Ces hommes sont les *Gallegos*, tous Espagnols, tous de la province de Galice, de ce pays le plus peuplé de l'Espagne, mais qui ne peut nourrir ses habitans. Il se fait une émigration continuelle de cette province en Portugal; les uns y vont, les autres en reviennent ; ceux qui y ont amassé une petite fortune se retirent dans leur patrie; ils sont remplacés par d'autres qui vont commencer la leur.

Les Gallegos fournissent au Portugal plusieurs classes de travailleurs, les forts des ports, les forts des douanes, les crocheteurs, les portefaix, les porteurs d'eau, les commissionnaires des coins des rues, beaucoup de domestiques et de cuisiniers bourgeois. On en compte environ quatre-vingt mille, répandus dans les divers ports et les diverses villes du Portugal; il y en a plus de quarante mille à Lisbonne.

Ils forment entre eux des corporations, des chambrées, dont chacune a son chef, qui est aussi Gallego; il s'y exerce une espèce de police correctionnelle.

Il y en a très-peu qui s'établissent en Portugal; il se retirent dans leur pays dès qu'ils ont amassé une somme suffisante pour acheter quelques pièces de terre; ils y font même des voyages de tems en tems pour y déposer le fruit de leur travail et leurs épargnes. Ils travaillent beaucoup; ils vivent avec économie ; ils font par conséquent beaucoup de profits. On évalue à 150 livres tournois au moins par an les économies de chaque Gallego, l'un dans l'autre ; ce qui fait une somme d'environ 12 millions de livres tournois qui sortent tous les ans du Portugal, pour ne jamais y rentrer, ni en espèces, ni en denrées, ni en marchandises (1).

On préfère généralement leurs services à ceux des Portuguais ; ils sont moins souples, moins flatteurs, moins flagorneurs ; ils sont plus fiers, plus brusques ; mais ils sont plus propres, mieux tenus, mieux habillés, moins demandeurs, plus lestes, plus agiles, plus vigoureux, plus intelligens, plus exacts et plus fidèles : ils ont encore le mérite de la sobriété. Les Portuguais sont sobres par nécessité, les Gallegos par caractère.

On doit concevoir difficilement l'indolente indifférence du gouvernement por-

---

(1) On a déja vu, à l'article des *Comestibles*, page 277, que la seule fourniture de l'eau fait tous les ans un objet d'un million huit cent mille livres tournois, qui restent entre les mains des Gallegos.

tuguais et du gouvernement espagnol. Le premier laisse emporter son or pur des étrangers; le dernier laisse sortir un nombre aussi considérable d'hommes, qu'il pourroit employer utilement au défrichement des terres incultes dont l'Espagne est couverte, et à l'augmentation de la population dans un pays qui est à moitié dépeuplé.

## FRIGIDEIROS.

Une fumée grasse, puante, épaisse s'échappe lentement du dessous d'une porte, elle s'élève avec encore plus de lenteur; elle dérobe aux yeux une portion de l'édifice devant lequel elle monte et s'étend. Une foule d'individus des deux sexes en obstrue l'avenue; j'y vois beaucoup d'agitation, beaucoup de mouvement; j'entends des cris confus et croisés; je crois qu'il y a un incendie. J'approche, je perce les flots de peuple; je vois un fourneau, un gril, une poêle, un homme graisseux et enfumé, une femme sale et dégoûtante. On y fait frire et griller des sardines : la foule attend qu'elles soient cuites pour en prendre chacun sa part.

C'est ce qu'on appelle *boutiques de frigideiros*. Ce sont des boutiques ambulantes qu'on retrouve par-tout à Lisbonne, dans les rues, sur les places, sous les portes, principalement sous celles des tavernes. On y fait frire et griller, à toutes les heures de la journée, sur-tout à celles des repas, des sardines, des merlans, et quelques autres poissons les plus ordinaires.

Ces boutiques sont fort commodes et d'une grande ressource pour le peuple, qui y trouve son déjeûner, son dîner et son souper tout prêts, et à bon marché. Chacun y porte son pain ; il y achète cinq ou six sardines frites ou grillées, qui lui coûtent à peu près un sol ou dix-huit deniers ; il les mange sans se déplacer, et son dîner est fait. S'il peut dépenser quelque chose de plus, il achète un verre de vin à la même taverne, et il est content. Quelquefois quatre ou cinq personnes réunissent leurs dîners, et se cottisent pour y joindre un peu de vin ; elles s'asseoient à terre ou sur les marches de l'escalier d'une maison voisine ; elles font leur repas plus longuement, plus gaiement ; elles sont ensuite aussi contentes que ceux qui sortent d'une table délicatement servie.

Si le peuple trouve une ressource dans la multiplication de ces boutiques fumantes, ceux qui ont le malheur d'en être voisins en éprouvent tous les désagrémens ; ils sont incommodés par la fumée, ils sont infectés par l'odeur ; ils sont étourdis trois fois chaque jour par le bruit confus de la foule qui les assiège. A l'heure du dîner, la porte et l'escalier de leurs maisons sont obstrués par les gens du peuple, qui y font leur repas, et ensuite leur méridienne ; il leur est souvent difficile de franchir le court espace qui mène de la porte de la rue à leur appartement.

Le prétexte de manger des sardines favorise souvent le larcin. On se tapit sur un escalier ; on s'y mêle avec la foule qui mange ; on fait semblant de dormir après le repas ; on guette le moment de se glisser dans un appartement ; on y fait son coup, et on va se mêler de nouveau, se confondre, se perdre dans la foule qui encombre l'escalier.

Ces boutiques deviennent ainsi l'épouvantail des locataires des maisons : on évite de se loger dans les lieux où il y en a ; mais c'est une précaution inutile. Une boutique de frigideiro, toujours ambulante, toujours portative, change de lieu dans un instant ; elle s'établit sous une porte, sous une fenêtre, où il n'y en a jamais eu. On est surpris, le matin en s'éveillant, d'entendre un bourdonnement, jusque là inconnu, de sentir l'odeur de la sardine, de voir la fumée du frigideiro ; on connoît sur-le-champ l'espèce de nouveau voisin dont on vient de faire l'acquisition ; il faut le garder, et se taire en rongeant son frein.

## FAUX TÉMOINS.

*A 3 livres les faux témoins*; c'est-là leur prix à Lisbonne ; c'est un prix fait, c'est un prix connu. L'endroit où on les trouve, l'heure à laquelle ils se rassemblent, le signe auquel on les reconnoît, sont également connus.

Tous les jours où les tribunaux sont ouverts, à dix heures du matin, commence à se rassembler une foule considérable sur un place située à l'extrémité du Recio, à côté du couvent des dominicains, et devant le palais, l'hôtel ou mieux la maison où la *relaçao* tient ses séances. Cette foule y reste jusqu'à une heure après-midi.

Là sont confondus des espions de police, des agens mercenaires, des solliciteurs intéressés, des procureurs avides, des records impitoyables, et des plaideurs qu'on dégraisse.

Là, parmi ces différentes espèces d'individus, se trouve une autre espèce d'êtres, dont la seule occupation, l'unique métier est de comparoître devant les tribunaux, devant les juges, devant les greffiers, pour y rendre un témoignage à la vérité ou au mensonge, moyennant un serment qu'ils prêtent à l'Etre Suprême.

Ceux-ci sont au service du premier venu, connu ou inconnu, national ou étranger. Ils disent, ils affirment, ils jurent tout ce qui convient à la partie qui les emploie. Ils sont toujours prêts; ils connoissent tout le monde, vint-on du Japon; ils connoissent tous les faits, se fussent-ils passés à la Chine. Il suffit de leur bien donner la leçon verbalement ou par écrit; ils la répètent fidèlement à la face des juges, de la justice et d'un Dieu qui les entend.

Une croisade neuve (1) est le prix de chacun de leurs faux sermens; c'est le prix fait : il n'y a point à marchander. On les paie d'avance; mais ils sont fidèles à leur engagement.

Un bout de mouchoir est leur enseigne : on ne peut pas se tromper; on peut s'a-

---

(1) Trois livres tournois.

dresser hardiment et avec confiance à chacun de ceux qui laissent sortir un bout de mouchoir de leur poche ; c'est à coup sûr un faux témoin.

Tout Lisbonne est instruit de ce manège ; les tribunaux ne l'ignorent point ; les juges eux-mêmes connoissent tous ces faux témoins ; ils les voient comparoître tous les jours en leur présence, multiplier leurs parjures, porter des témoignages dans toutes les affaires ; ils reçoivent cependant leurs sermens ; ils ont égard à leurs déclarations ; ils ne sévissent point contre eux. Vainement le scandale est il évident, vainement la voix publique réclame-t-elle contre un abus aussi révoltant ; vainement ces êtres infames se jouent-ils ouvertement de la foi publique à laquelle ils manquent, de la justice qu'ils trompent, de la religion qu'ils outragent ; ils demeurent impunis, et l'abus se perpétue.

Les loix du Portugal contribuent à leur impunité : on ne peut les poursuivre qu'autant qu'ils ont une partie civile. Les parties, lésées par leurs faux témoignages,
n'osent

n'osent intenter une accusation contre eux; si elles succombent, elles craignent d'être condamnées à des dommages; si elles réussissent à convaincre le parjure, à le faire punir, elles ont dépensé des sommes considérables qui ne leur rentreront jamais; elles ajoutent ainsi à leurs pertes précédentes.

Une partie publique, un accusateur public, et des fonds destinés aux frais des procédures, préviendroient l'abus et les inconvéniens qui en résultent : il seroit de la sagesse du gouvernement portugais d'y pourvoir; mais il ne le fera point : il y a tant d'autres objets également importans qu'il néglige.

## ORDRES MILITAIRES.

On ne voit que croix en Portugal; on n'y voit que *crachats*, que plaques d'argent, que grandes croix brodées en argent sur le côté gauche de l'habit. Un étranger qui arrive à Lisbonne croit voir par-tout des grands seigneurs et des militaires distingués par leurs services. Il ne

X.

croit point que ceux qu'il voit ainsi décorés soient des marchands, des commis, des chirurgiens, de petits employés à la douane, au tabac, au sel. Rien n'est cependant plus vrai.

La même distinction est accordée au valet de chambre et au garçon de la garderobe du prince, comme au gentilhomme de sa chambre, au ministre d'état et au commis le plus subalterne de ses bureaux, à l'intendant de police et à ses *scribes*, au grand seigneur et au simple bourgeois sans état, au prélat et au simple clerc tonsuré, à l'officier général et au dernier des sous-lieutenans, au magistrat et à son greffier, au financier et au commis du sel, du tabac, des douanes, au négociant et à ses facteurs, au commerçant et au marchand en détail, au médecin et au chirurgien, à l'artiste à l'artisan : il n'y a entre eux aucune différence.

Le Portugal a trois ordres militaires, qui ne sont point donnés cependant aux militaires; à peine y a-t-il un vingtième de ceux qui en sont décorés qui suivent la profession des armes; les autres ne connoissent que la plume, le code, le bréviaire, la lancette, l'aune, le ciseau, le burin, le pinceau.

Ces trois ordres sont celui d'*Avis* (1), celui de *Saint-Jacques* (2), et celui du *Christ* (3). Le premier est le plus ancien; il a pris son nom du château d'Avis, où il fut transféré d'Evora : le second faisoit partie de l'ordre de ce nom en Espagne; il en fut séparé à la fin du treizième siècle : le dernier fut fondé par le roi de Portugal en 1319, et enrichi des dépouilles des templiers. Le ruban du premier est vert, celui des deux autres est rouge.

---

(1) Cet ordre, qui a été fondé à Evora, est sujet à celui de Calatrava, et a été transplanté à Avis, en 1661, dont il a pris le nom en faisant schisme. Il a le grand prieuré d'Avis, cinquante commanderies, et 500 mille livres de rente.

(2) Séparé de celui d'Espagne depuis l'an 1290, et par conséquent schismatique. Il a le grand prieuré de Palmela, cent cinquante commanderies, et 600 mille livres de rente.

(3) Institué par le roi Dénis, en 1319 : il a cessé d'être estimable avec la guerre des Maures; et il est avili par l'orgueil sot et mal placé qui y a introduit la plus indigne espèce de chevaliers.

*Etat présent du royaume de Portugal.*

Chacun de ces ordres avoit un grand-maître et un grand nombre de commanderies. Les grandes maîtrises furent réunies à la couronne par le roi Jean III; les souverains se sont emparés insensiblement des commanderies; ils en donnent de tems en tems quelqu'une à leur gré; mais celles qu'ils donnent font toujours le très-petit nombre, et ne sont jamais les plus riches.

Chacun de ces trois ordres a plusieurs dignités, un grand-prieur ecclésiastique, un grand-commandeur, qui est toujours le prince du Brésil, un clavier, un alferez, et un ou deux grands-croix, qui sont des princes du sang royal, des grands seigneurs ou des ministres; ceux-ci, peu faits par leur naissance pour y parvenir, abusent de leur crédit auprès du prince pour s'emparer de tout ce qui flatte leur amour propre ou leur cupidité. Ces dignités séculières sont de création modernes; elles n'ont été établies qu'en 1789.

Ces trois ordres sont avilis par la trop grande facilité avec laquelle on les accorde à toutes sortes d'individus; on les jette, pour ainsi dire, à la tête du premier venu; on les donne sans choix, sans examen, sans motif; on les prostitue. On en compte plus de trois mille chevaliers de tous les états dans la seul ville de Lisbonne, sans parler de ceux qni sont répandus dans le reste du Portugal et dans les colonies portugaises. L'ordre du Christ, qui passe pour être le premier, est le plus répandu, le plus multiplié, par conséquent le plus avili.

Tous ceux qui en sont revêtus portent la même décoration, la croix à la boutonnière, la broderie ou la plaque d'argent sur l'habit : on ne distingue point le grand seigneur de l'homme du peuple qui en est pourvu.

Les Portugais sont accoutumés à voir les individus de tous les états, même de classes basses et pauvres, revêtus de ces ordres; mais l'œil des étrangers est désagréablement frappé en voyant dans les rues de Lisbonne des êtres mal mis, quelquefois déguenillés, quelquefois tendant la main pour demander l'aumône, être décorés cependant du premier ordre du royaume, et arborer orgueilleusement la plaque ou le *crachat* sur un habit que la moindre impression d'une vergette réduiroit en poussière. Cela est cependant fréquent; j'ai été accosté deux cents fois, arrêté dans les rues par les chevaliers de l'ordre du Christ, qui me demandoient avec orgueil une aumône, que je ne dois qu'à l'indigence humble et modeste.

On a senti ces inconvéniens; on a voulu établir une distinction. On a ajouté, en 1789, deux cœurs au haut de la broderie que les chevaliers portent sur l'habit, en faveur de ceux qu'on veut distinguer; mais cette différence est presque inutile; on ne l'a accordée jusqu'ici qu'à dix ou douze grands seigneurs ou ministres; les deux cœurs sont même si petits qu'on ne peut les appercevoir si l'on ne considère la broderie de très-près.

Ces trois ordres ont un habit qui leur est commun, et que les chevaliers ne portent presque qu'à la procession de la Fête-Dieu. C'est un grand manteau de crepan blanc, avec la croix de l'ordre en broderie sur le côté gauche; il est attaché autour du cou par deux cordons qui retombent en devant, et qui se terminent chacun par un gland de soie blanche.

Ce manteau auroit peut-être quelque chose de majestueux, si on le laissoit tomber jusqu'aux pieds et traîner par derrière ; mais on le relève ; on le retrousse à la hauteur des hanches ; on le roule autour de la ceinture ; on en ramène les bouts sur le devant où on les noue. Ainsi ajusté, il a l'air d'un peignoir, et les chevaliers paroissent prêts à se faire peigner.

## PRÉVENTION NATIONALE.

« Le Portugal est le plus beau pays de
« l'Europe ; Lisbonne est la plus belle, la
« plus magnifique, la plus agréable de tou-
« tes les villes : elle est la reine des cités.
« Sa situation est la plus heureuse, son sol
« le plus fertil, son ciel le plus beau, son
« climat le plus délicieux, ses habitans
« les plus civilisés : on y excelle dans les
« sciences, dans la littérature, dans les
« arts. »

Tel est le langage que les Portuguais ne

cessent de tenir; ils le répètent si souvent, ils le tiennent d'un ton si décidé, si affirmatif, qu'ils le persuadent aisément à ceux qui n'ont jamais vu que leur village, qui ne sont jamais sortis de leurs tannières. De-là vient l'adage commun parmi eux: *Qui noa visto Lisboa, noa ha visto coisa boa*; c'est-à-dire, « Qui n'a pas vu Lis-« bonne n'a pas vu chose bonne. »

On entreprendroit vainement de les dissuader: on ne parvient point à leur persuader que Paris, Londres, Rome, Naples, Milan, Lyon, Florence, Bruxelles, Madrid, sont infiniment au-dessus de la ville où ils ont pris naissance; j'en ai connu qui avoient voyagé, qui n'en étoient pas moins imbus de ce préjugé.

Les défauts même de Lisbonne sont à leurs yeux des beautés. La situation inégale de leur ville, sur des montagnes et des collines, prolongée dans un vallon long, étroit et irrégulier, excite leur enthousiasme. « Un terrain uni, disent-ils, est « trop uniforme; il devient monotone et « ennuyeux; on y est enterré sous la masse « élevée des édifices. L'inégalité du terrain

« fait une variété agréable ; à mesure qu'on
« grimpe dans des rues escarpées, on res-
« pire un air plus vif et plus pur ; on jouit
« sur les parties élevées d'un coup - d'œil
« qui dédommage de la peine de s'être es-
« soufflé pour y parvenir. »

Ils trouvent leur cour magnifique, une des plus brillantes de l'Europe ; les ameublemens du palais de leur prince des plus somptueux ; leurs troupes les plus lestes, les mieux tenues, les plus braves ; leur marine, de huit vaisseaux de guerre, une des plus redoutables ; leur ordre du Christ, donné à des commis, à des marchands, le plus noble, le plus distingué de l'Europe ; leurs auberges excellentes ; leur salle de l'opéra une merveille, n'ayant point sa pareille ; leurs édifices nobles, somptueux, majestueux.

L'humidité du climat en hiver est, suivant eux, un bienfait de la nature : elle diminue la vivacité de l'air. Les boues même dont les rues sont couvertes dans cette saison, la poussière dont elles regorgent en été, les ordures dont elles sont toujours remplies et qui répandent des vapeurs malfaisantes, sont à leurs yeux de nouveaux bienfaits; la boue et les ordures donnent à l'air un moëlleux qui diminue sa vivacité, et la poussière rend la marche des chevaux plus facile et moins fatigante.

Ils vantent la sûreté des rues de Lisbonne, malgré les vols et les assassinats qui s'y commettent toutes les nuits. Ils n'en rejettent point le blâme sur ceux qui les commettent; ils inculpent ceux qui s'y exposent. « La nuit, disent-ils, est faite « pour rester chez soi; il n'y a aucune « nécessité à se trouver dans les rues. »

Ils célèbrent la douceur de leur gouvernement, parce qu'il ne punit point les crimes, et ils regardent l'impunité des criminels comme une preuve de bienfaisance, d'humanité, de charité et de religion.

Leur pays est le plus riche en comestibles, quoiqu'il les tire presque tous du dehors; mais il est trop peuplé, disent-ils, et ses productions ne peuvent suffire à sa nombreuse population. Quelle population! deux millions d'habitans dans une étendue de soixante-dix ou quatre-vingt lieues de long sur quarante ou cinquante de large.

Leur enthousiasme prend une nouvelle énergie, lorsqu'ils parlent des sciences et des arts : leurs médecins, leurs physiciens, leurs naturalistes, leurs géomètres, leurs astronomes, leurs ingénieurs, sont les premiers de l'univers ; leurs orateurs sont les plus éloquens, leurs poëtes les plus ingénieux, leurs historiens les plus exacts. Les arts onts développé chez eux toutes les graces, toute la perfection dont ils sont susceptibles ; des monumens multipliés attestent leur supériorité.

Pauvre peuple, comment peux-tu t'abuser jusqu'à ce point ! Comment peux-tu t'abuser sur ton ignorance profonde dans tous les genres ! sur ton peu de civilisation, sur la médiocrité de tes monumens, sur la mesquinerie de tes édifices, sur les désagrémens de la ville que tu habites, sur les dangers auxquels une mauvaise administration t'expose sans cesse, sur la simplicité mesquine de la cour de ton prince et des palais qu'il habite !

Comment peux-tu méconnoître la supériorité des autres nations, même de celle qui est inférieure à toutes les autres, de celle qui t'avoisine, de celle que tu méprises, de l'Espagne?

Comment peux-tu méconnoître la supériorité du petit nombre des savans étrangers qui ont paru chez toi, et que tu n'as pas su retenir dans ton sein; celle de quelques artistes recommandables que tu as vus dans ton pays, et que tu n'as pas su t'attacher; celle même des artistes étrangers que tu possèdes, qui, quoique médiocres, sont encore infiniment au-dessus de ceux de ta nation?

Quels sont tes orateurs? Les copistes, les traducteurs de Bourdaloue, des Massillon, des Fléchier, des Bossuet.

Quels sont tes ingénieurs, tes officiers d'artillerie? Si tu en as, ils sont François. Si tu as deux ou trois bons officiers de marine, ils sont Anglois. Celui de tes médecins qui puisse seul mériter ce nom, est Italien.

Où sont tes physiciens, tes géomètres, tes astronomes, tes peintres, tes sculpteurs, tes graveurs, tes architectes? Tu n'en as ni de nationaux, ni d'étrangers.

Tes orfèvres, tes metteurs en œuvre, tes horlogers sont François; tes artisans un peu distingués sont tous étrangers.

Sors de ton pays, cours le monde : cours la France, l'Angleterre, l'Allemagne, l'Italie, la Russie, l'Espagne même; contemple, admire, réfléchis, humilie-toi; tu rougiras d'être né Portuguais; tu rougiras d'avouer le lieu de ta naissance; tu conviendras que ton pays est le plus arriéré, le plus ignorant, le moins civilisé, le plus sauvage, le plus barbare de tous les pays de l'Europe.

FIN.

# LETTRES
### ÉCRITES
# DE PORTUGAL,

Sur l'état ancien et actuel de ce royaume.

TRADUITES DE L'ANGLOIS.

# AVIS

DE

# L'ÉDITEUR.

La traduction que nous avions publiée en 1780 de ces *Lettres écrites de Portugal, sur l'état ancien et actuel de ce royaume*, ayant été totalement épuisée en fort peu de tems, nous avons cru devoir en donner ici une nouvelle édition à la suite du *Tableau de Lisbonne*. Nous avons pensé également, qu'il falloit laisser subsister à la suite de ces lettres, le *Portrait historique de Sébastien Joseph Carvalho, comte d'Oyeras*, et ensuite marquis de *Pombal*, dont le ministère forme une époque glorieuse et mémorable dans les fastes du royaume de Portugal.

# LETTRES
## ÉCRITES
## DE PORTUGAL.

## LETTRE PREMIÈRE.

Lisbonne, 26 janvier 1777.

Aucun royaume n'offre peut-être des objets plus intéressans pour l'histoire, que celui de Portugal, soit qu'on le considère par les différentes révolutions qu'il a subies, ou par la rapidité de ses conquêtes. Resserrés dans des bornes circonscrites, et ne possédant qu'une puissance très-foible, nous trouvons cependant que les Portuguais chassèrent non-seulement les Maures du Portugal, mais qu'ils les poursuivirent même en conquérans dans leur propre pays, en se rendant maître de plusieurs villes considérables de l'empire de Maroc, de l'Arabie, de la côte occidentale de l'Afrique; et qu'ensuite ils étendirent leurs conquêtes dans l'Orient, depuis l'île d'Ormus jusqu'aux confins de la Chine.

Le Portugal, connu anciennement sous le nom de *Lusitanie* (1), se vante, ainsi que la plupart des autres pays, de la plus haute antiquité. Suivant les auteurs portuguais, ce royaume a été peuplé par la

---

(1) Suivant Puffendorf, l'ancien nom de Lusitanie, qu'on donnoit autrefois au Portugal, tiroit son origine des Lusons, qui, conjointement avec les Belles, forcèrent les Turdelles, peuple du Portugal, à leur céder leurs terres, et y formèrent dans la suite un peuple si considérable, qu'on ne désigna plus cette partie de l'Espagne, que par le nom de Lusons. Le Portugal prit ensuite le nom de Suève, tant que les Suèves en furent les maîtres. Sous la domination des Goths, il reprit celui de Lusitanie, jusqu'à ce que le comte Henri, prince du sang de Bourgogne et de la famille de Hugues Capet, ayant été élu comte de Porto, ville qu'il fit rebâtir, de même que Cale, on forma, en 1112, de ces deux noms celui de Portugal.

famille et par les descendans de Tubal, qui s'établit lui-même en Portugal, où il bâtit une ville, laquelle, d'après lui, fut nommée Tubal, et qui aujourd'hui est connue sous le nom de Setubal ou Saint-Tubal. Malgré cette preuve convaincante, les historiens espagnols contestent à ce royaume son ancienneté ; mais aussi long-tems qu'ils ne pourront pas donner quelque raison mieux fondée que celle qu'ils avancent, l'avantage doit rester en faveur du Portugal.

Le nom actuel de Portugal dérive, à ce qu'on croit, de *Portus Cale*, ou du port de Cale, ancienne ville située près de l'embouchure du Douro. Pour appuyer cette opinion, on remarque que les premiers évêques de Cale prenoient le titre de *Portocalensis*, et donnoient à la ville le nom de Portucale ; dans la suite ils ont changé leur signature, et se disent aujourd'hui *Portuensis*, ou évêques du Port.

Le Portugal a subi plusieurs invasions, et a passé successivement sous la domination des Romains, des Goths et des Maures. Ces derniers ayant été défaits en 1139, à la bataille de Campo Ourique (1), don Alphonse fut déclaré roi de Portugal, et confirmé dans cette dignité par le pape en 1179.

Depuis ce tems, le royaume fut gouverné près de quatre cents ans par ses propres princes (2), et à la mort tragique de don Sébastien, arrivée en 1578, la couronne passa à son grand oncle, le cardinal Henri. Ce prince, quoique d'une piété exemplaire et d'un caractère affable, fut cependant cause, par sa foiblesse et par son indolence, des malheurs successifs qui affligèrent sa patrie : tant il est vrai qu'on ne gouverne pas les états en comptant les grains d'un chapelet, et en marmotant

---

(1) Cette plaine, nommée *Campo Ourique*, fut appelée depuis *Cabeza de Reies* (tête des rois), à cause des cinq rois maures qu'il y vainquit dans une bataille qu'il donna contre Ismaël ou Imar, prince mahométan ; en mémoire de quoi et des cinq étendards qu'il enleva aux Maures en cette occasion, il mit cinq petits écus dans les armes de Portugal.

(2) La couronne de Portugal est héréditaire, et passe même aux enfans naturels, faute d'enfans légitimes. L'héritier présomptif de la couronne porte le titre de *Prince du Brésil*. Les rois ne sont pas si souverains qu'en Espagne, à cause des états ou assemblées générales de la nation.

des prières, et qu'un roi peut être honnête homme sans cependant être un bon prince. Le roi cardinal étant mort sans famille, et ayant négligé de se nommer un successeur, le royaume passa sous la domination de l'Espagne, qui en resta possesseur jusqu'en 1640, que les Portuguais, s'étant révoltés, secouèrent le joug espagnol, et proclamèrent pour leur roi don Juan, duc de Bragance, dont les descendans ont toujours, depuis cette époque, porté la couronne.

On peut dater la décadence du Portugal du tems que ce royaume devint une province de l'Espagne. Pendant ce période, la marine portuguaise fut employée et détruite au service des Espagnols. Son commerce souffrit au point que sa flotte marchande diminua de plus de deux cents gros vaisseaux. Ses arsenaux furent épuisés de munitions, d'artillerie et d'armes de toute espèce. Plus de deux mille pièces de canon de fonte, et un nombre infini de canons de fer furent transportés en Espagne. On vit à la fois sur la grande place de Séville, jusqu'à neuf cents pièces de canon marquées aux armes de Portugal; et les exactions en argent étoient si considérables, que dans le court espace de quarante-deux ans, c'est-à-dire, depuis 1584 jusqu'à 1626, l'Espagne tira du Portugal au-delà de deux cents millions d'écus d'or, ce qui faisoit alors une somme immense.

Dans ce même tems, les Hollandois ayant déclaré la guerre aux Portuguais, sous prétexte qu'ils étoient sujets du roi d'Espagne, les chassèrent des îles de Ceylan, de Ternate et de Tidor, et leur prirent Malacca après un siège de six mois; ce qui fit passer entre les mains des Hollandois le monopole de la canelle, des cloux de girofle, de la muscade, et en grande partie du poivre.

Ils leur enlevèrent aussi les ports de la Mina et d'Arguin sur la côte de Guinée, ainsi que Fernambuc et une grande partie du Brésil. Et quoique depuis la révolution le Brésil ait été reconquis, et qu'il reste encore actuellement aux Portuguais plusieurs établissemens dans l'Inde, la puissance et le commerce de ce royaume ont néanmoins souffert un tel échec pendant le tems qu'il demeura sous la domination de l'Espagne, qu'il s'est toujours trouvé, depuis cette époque, dans le plus grand état de langueur.

# LETTRE II.

Lisbonne, 30 janvier 1777.

Tel étoit l'état foible et précaire du Portugal lorsque don Juan de Bragance monta sur le trône. Les guerres que ce royaume fut obligé de soutenir pour maintenir son indépendance, n'étoient rien moins que favorables au rétablissement du commerce et de la splendeur de l'état, qui avoient trop souffert pour pouvoir être facilement restaurés.

Don Juan, qui monta sur le trône vers le commencement de ce siècle, n'étoit pas un prince propre à rétablir la grandeur chancelante de son royaume. Il étoit de ces monarques qui, sous les apparences d'un caractère populaire, et sans paroître opprimer leurs sujets, se permettent cependant toute espèce de plaisirs, et s'abandonnent à l'indolence, sans s'inquiéter du bonheur du peuple et des vrais intérêts de l'état.

Ce caractère du souverain, joint à une maladie de neuf ans, qui précéda sa mort, ne firent qu'affoiblir de plus en plus toutes les branches du gouvernement; et le royaume se trouva dans un état aussi languissant, ou même plus foible encore, à l'accession de don Joseph, le défunt roi, en 1750, que pendant tout le tems qu'il demeura sous la domination espagnole.

La cour de Portugal changea de système au commencement du règne de ce roi. Le marquis de Pombal, qui, sous le nom de Carvalho, avoit déja occupé sous le règne précédent un département de l'état, fut alors nommé premier ministre, et se vit honoré par le roi d'une confiance et d'une autorité sans bornes.

La place de ministre est peut-être plus

difficile à remplir en Portugal que dans aucune autre cour de l'Europe, à cause que l'état politique de ce royaume n'offre rien de déterminé, et qu'il n'y a rien d'uniforme dans ses loix, qui lui ont été données par les Romains, par les Maures et par la coutume. Alphonse, qui le premier fut couronné roi de Portugal, par le consentement unanime de toute la nation, établit, avec sa sanction, quelques réglemens qui furent reçus comme loix fondamentales de l'état; particulièrement ceux qui concernoient les droits du royaume et la succession de la couronne. Les réglemens qui regardoient le gouvernement municipal doivent plutôt être considérés comme des essais propres à former des loix, que comme des constitutions parfaites. Les loix romaines semblent faire la base de celles de Portugal, et continuent à y être d'une grande autorité. Dans un gouvernement si peu formé, il doit sans doute être plus difficile de tracer une route sûre, que dans des états politiques où tout se trouve déja consolidé; et le ministre n'a plus qu'à suivre un système régulier lorsque la grande machine de l'état se trouve une fois montée, et ne demande plus qu'à être entretenue dans le mouvement qui lui est propre.

On ne peut mieux se convaincre de l'inconstance de la fortune, qu'en jetant un coup-d'œil rétrograde sur l'état politique du Portugal. On voit ce royaume, qui autrefois tenoit un rang distingué en Europe, réduit, pour ainsi dire, à une parfaite nullité; un état qui, après avoir formé de grands établissemens dans les différentes parties du globe, se trouve n'en point avoir chez lui; une nation qui, après avoir porté ses conquêtes dans un nouvel hémisphère, se voit privée de sa propre souveraineté : les richesses de ses conquêtes étant la cause même de ses besoins domestiques.

Pour se former une idée plus juste des affaires du Portugal, il est nécessaire de remonter plus haut et de considérer la situation de ce royaume au tems que le marquis de Pombal fut chargé de son administration.

Le pays, en général, étoit peu cultivé,

et les terres ne produisoient que de chétives récoltes; celles même qu'on cultivoit, au lieu de servir à des productions de première nécessité, n'étoient employées qu'à des articles de luxe ou de superfluité. Les principales denrées étoient le vin et les fruits, tandis qu'on manquoit de toutes les choses nécessaires à la vie. Le Portugal dépendoit entièrement des étrangers pour ses bleds et ses draps; et sa population diminuoit en raison de la moindre quantité des productions du pays. Plusieurs milliers d'hommes avoient été enlevés à ce royaume; et ceux qui s'y trouvoient encore, dépérissoient journellement, par la difficulté de pourvoir à leur subsistance.

Les arts avoient disparu, l'industrie étoit éteinte, le commerce se trouvoit entre les mains des étrangers, le roi manquoit d'argent, la couronne étoit sans trésor, l'état sans ressource, l'esprit militaire n'existoit plus, le royaume avoit une armée nominale, et point de soldats.

Les affaires se trouvoient sur le même pied dans le Brésil. Il n'y avoit aucun plan régulier pour son agriculture, ni même aucune espèce d'administration. On n'y donnoit quelque soin qu'aux productions les moins utiles, tandis qu'on négligeoit totalement la culture de celles qui y sont naturelles. La navigation de ce pays se trouvoit gênée par toutes les entraves possibles. Aucun vaisseau n'osoit profiter des occasions favorables pour faire seul son commerce; les navires devoient partir en flotte; ce qui, par les inconvéniens ordinaires aux convois, étoit cause qu'ils arrivoient souvent trop tard, au grand préjudice de leurs armateurs ; sans parler des frais extraordinaires qu'entraîne la longueur des voyages.

Les foibles avantages qu'on retiroit de cette colonie, est la preuve la plus convainquante que son administration étoit vicieuse. Les productions d'une étendue de terre de plus de douze cents lieues, ne montoient pas, à la mort de don Juan V, en 1750, à plus de vingt-deux millions de livres pesant de cassonade, deux mille balles de tabac, quinze mille peaux, un peu de salsepareille, de café, de riz et d'indigo : le tout ne faisant pas la centième partie de ce que devroit naturellement produire ce vaste pays.

Tel étoit l'état du Portugal, lorsque le feu roi en confia l'administration au marquis de Pombal.

## LETTRE III.

Lisbonne, 2 février 1777.

Le premier objet qui fixa l'attention du ministre, fut l'agriculture, qu'il trouva dans un état fort languissant, et défectueux dans ses premiers principes même. On pense que le Portugal, avant qu'il devînt un état commerçant, produisoit non-seulement la quantité de bled nécessaire pour sa propre consommation, mais même en assez grande abondance pour en fournir à l'étranger.

Le traité de 1703, par lequel l'Angleterre s'engageoit à prendre tous les vins de Portugal en échange de ses manufactures, convertit tous les champs de bled en vignes; de sorte que ce royaume régorgea de vin, et se trouva manquer absolument de pain. M. de Pombal, pour remédier à cet inconvénient, donna ordre d'arracher un tiers des vignes et d'employer ces terres à la culture du bled.

Quelque arbitraire que puisse paroître une pareille ordonnance, elle étoit néanmoins absolument nécessaire, si l'on considère l'esprit du gouvernement et du peuple portuguais; et quoiqu'en général, les loix prohibitives semblent occasionner une trop grande compulsion, les besoins de l'état peuvent cependant les autoriser quelquefois, sur-tout dans un pays aussi épuisé et aussi dépendant que l'est le Portugal. L'événement a prouvé la vérité de ce fait; car, quoique ce royaume ne puisse pas fournir encore à son entière consommation, il dépend cependant bien moins aujourd'hui des étrangers pour l'importation de son bled.

C'est une idée généralement reçue qu'il
n'y

n'y a presque aucune partie du Portugal qui ne soit propre à quelque espèce de culture; et j'ai tout lieu de croire qu'elle est bien fondée. Une grande partie de ce royaume qui reste en friche, pourroit être d'un bon produit entre des mains industrieuses. Les terres destinées au labour sont bien loin de se trouver dans le même état de culture que dans les autres parties de l'Europe. Le paysan portuguais n'a aucune connoissance, ou, ce qui revient au même, ne fait aucun usage des différentes manières d'améliorer les terres. Le fumier est le seul engrais dont il se sert; et les terres où l'on a une fois semé du bled, restent dans le même état de père en fils, sans qu'on change seulement l'espèce de grain qu'on y cultive. Ce qui sans doute est une preuve incontestable que, si le sol et le climat n'étoient pas très-favorables aux productions, elles se réduiroient, pour ainsi dire, à rien ; et nous donne en même tems à connoître ce que pourroient rapporter ces terres, si la culture en étoit bien dirigée.

On ne peut pas alléguer ici l'opinion

bisarre; que les peuples du midi manquent absolument de l'activité d'esprit nécessaire. Les annales de Portugal démentent ce préjugé; et les Tyriens, ainsi que les Carthaginois, nous fournissent un exemple du contraire. Nous devons donc en chercher la cause dans la forme du gouvernement, plutôt que d'attribuer ce défaut au climat.

Quelque étrange que puisse paroître l'assertion, on ne peut nier que le Portugal ne se trouve encore dans un état d'enfance, pour ne pas dire de barbarie, au milieu des nations les plus policées de l'Europe. Avec la chûte de leur commerce, les Portuguais ont perdu l'esprit d'industrie, la connoissance des arts, l'exercice de leur raison, et jusqu'aux principes de la saine politique.

Il n'y a pas long-tems que leurs légumes se bornoient à une mauvaise espèce de choux, à des oignons et de l'ail : on ne connoissoit en Portugal aucune espèce des fruits et des légumes délicieux qui s'y trouvent aujourd'hui dans une si abondante variété. Ce ne fut qu'en 1548 qu'on apporta de la Chine les oranges qui y croissent aujourd'hui, pour ainsi dire, spontanément. La mer et les rivières y abondent d'une quantité étonnante des meilleures espèces de poisson; et malgré les dîmes du clergé, les exactions des pourvoyeurs de la maison du roi, et les autres entraves imposées à l'industrie des pêcheurs, les marchés sont bien fournis, et le poisson se vend à un prix raisonnable.

## LETTRE IV.

Lisbonne, 20 février 1777.

Le commerce fixa ensuite l'attention du ministre. Il savoit qu'un état dont le commerce passif est beaucoup plus grand que le commerce actif, comme cela avoit lieu en Portugal, doit nécessairement s'appauvrir.

En ministre patriote, il chercha donc à augmenter les productions de sa patrie, et à porter la balance de son commerce sur un pied moins inégal avec les autres peuples. Pour cet effet, il tâcha de faire revivre dans la nation l'esprit d'industrie, en encourageant les manufactures. Il prit pour exemple la Hollande, dont le climat n'est nullement favorable aux arts, et dont le sol ne peut donner à l'esprit une grande activité; cependant ce pays a été tellement changé par l'industrie de ses habitans, que la plus grande abondance a succédé à un besoin général ; et qu'une nation naturellement pauvre et tributaire d'une puissance formidable, se trouve maintenant dans un état de grandeur qui force, pour ainsi dire, ses voisins à augmenter tous les jours sa puissance et ses richesses.

Les manufactures que le marquis de Pombal chercha à établir, furent celles de soie, de laine et de verre. Il est certain que ces manufactures coutèrent beaucoup plus que celles des autres pays avant qu'elles eussent atteint un certain degré de perfection : mais ce ne peut être qu'un désavantage momentané, dont on sera amplement dédommagé dans la suite. Car en encourageant les manufactures d'un pays, on augmente le nombre de ses ouvriers, qui, par une conséquence naturelle, porteront avec le tems leur travail à un plus grand degré de perfection, et à un prix moins haut qu'on ne peut l'attendre d'une nouvelle entreprise.

L'établissement de ces manufactures en

Portugal, alarma vivement les négocians anglois, qui regardoient toute introduction de cette espèce comme une contravention manifeste à leurs privilèges ; et il faut avouer qu'ils furent très-ingénieux à trouver matière de mécontentement. La moindre petite contestation qui survenoit entre eux et les employés de la douane, étoit représentée comme un sujet formel de plainte, pour prouver les injustices exercées contre les facteurs anglois et donner lieu à des discussions publiques ; ce qui cependant a produit peu d'effet.

Le ministre répliqua sur le même ton, en se plaignant que l'Angleterre exportoit plus d'argent que de marchandises du Portugal ; ce qui étoit contraire au traité sur lequel les négocians anglois fondoient leurs plaintes. La factorerie nia le fait, que le ministre voulut constater par ses propres livres ; mais elle refusa ce moyen de terminer la contestation.

La vérité est, que le ministre désiroit de diminuer l'importation des marchandises étrangères, qui ne servent qu'à entretenir le luxe et l'indolence, si diamétralement opposés à l'esprit d'industrie qu'il vouloit exciter. Il n'ignoroit pas que le peuple est naturellement plus porté à faire usage des marchandises étrangères toutes prêtes à être employées, et auxquelles il est accoutumé, qu'à améliorer ses propres manufactures, qui ne peuvent faire que des progrès fort lents. Le seul moyen d'arrêter cette grande importation sans enfreindre les traités, étoit donc de prohiber l'exportation des lingots, loi commune à tous les autres états, et plus nécessaire en Portugal que dans aucun autre pays du monde, afin de réveiller l'industrie nationale.

Les négocians anglois jouissent de plusieurs privilèges, qui tous paroissent contraires à l'esprit du gouvernement portuguais.

Ils ont le droit de choisir leur propre juge, qui décide de toutes les discussions d'intérêt dans lesquelles ils se trouvent impliqués.

On leur accorde une exemption de droit pour tous les comestibles nécessaires pour eux-mêmes, pour leurs familles et pour leurs domestiques ; et on ne peut les enfermer pour dettes.

Un autre grand avantage dont on les laisse jouir, quoiqu'il ne se trouve spécifié dans aucun traité, c'est celui de faire partir toutes les semaines un paquebot qui n'est sujet à aucune visite à la douane. Ces prérogatives, qui ne s'accordent nullement avec l'intérêt du Portugal, donnent et doivent naturellement donner matière à des plaintes et à des jalousies continuelles de part et d'autre. On n'accorde point de semblables privilèges exclusifs dans un pays où l'intérêt du commerce est mieux connu ; car la liberté du commerce ne consiste pas dans un pouvoir accordé au négociant de faire ce qui lui plait ; et une restrainte donnée au particulier ne peut pas être regardée comme une entrave imposée au commerce. Les négocians d'Angleterre et de Hollande se trouvent plus gênés dans leurs opérations que la factorerie angloise à Lisbonne : on ne peut cependant nier que le commerce même ne jouisse dans ces pays de la plus grande liberté.

# LETTRE V.

Lisbonne, 1er. mars 1777.

S'IL est vrai, comme on le prétend, que le commerce des Anglois en Portugal a beaucoup diminué, on ne doit l'attribuer qu'à la perte que les Portuguais ont faite du commerce de Buénos-Ayres, qui montoit tous les ans à soixante mille liv. sterlings; à la diminution de l'importation du bled, depuis que la culture s'y trouve amélioré, et à l'établissement de leurs propres manufactures; et non à des avantages accordés à quelqu'autre nation.

Le commerce direct des colonies d'Amérique a servi beaucoup à diminuer l'exportation des Anglois, parce que les vaisseaux américains apportent du bled, de la farine, du riz, des légumes, du poisson salé, et plusieurs autres articles, qui autrefois étoient exportés immédiatement des ports d'Angleterre.

L'extrait suivant des registres de la douane de Lisbonne jetera un plus grand jour sur cette matière que tous les raisonnemens qu'on pourroit faire ; il fera voir en même tems la part que les Anglois ont encore dans le commerce de Portugal par Lisbonne.

*Vaisseaux entrés dans le port de Lisbonne.*

| EN 1774 | | EN 1775 | |
|---|---|---|---|
| Portuguais. . . | 104 | Portuguais. . . | 121 |
| Hollandois. . . | 52 | Hollandois. . . | 41 |
| François. . . . | 43 | François. . . . | 45 |
| Suédois. . . . | 45 | Suédois . . . . | 40 |
| Danois. . . . | 41 | Danois. . . . | 28 |
| Espagnols . . . | 7 | Espagnols . . . | 9 |
| Vénitiens . . . | 4 | Vénitiens . . . | 4 |
| Hambourgeois. | 1 | Dantzikois. . . | 1 |
| TOTAL. . . . | 297 | TOTAL. . . . | 289 |
| Anglois . . . . | 348 | Anglois . . . . | 371 |

Dans ce nombre ne sont pas compris les vaisseaux qui font le commerce des vins à Oporto, ou qui se rendent à Aviero pour le commerce de Biera; à Figueira pour celui de l'université de Coimbre et de ses jurisdictions; à Saint-Ubès pour le sel et autres articles; à Faro et dans les autres ports de Portugal qui doivent être en grand nombre, mais dont je ne puis donner un détail exact.

Il paroît, par l'état que nous venons de donner des registres de la douane, qu'indépendamment du commerce des naturels du pays, celui des Anglois à Lisbonne est plus du double de celui de toutes les autres nations prises ensemble.

Le traité de 1703 accorde aux Anglois une exemption exclusive des loix de Portugal, qui défendent expressément l'importation de toutes espèces de manufactures de laine, sans exception; si ce n'est celle dont les Anglois eux-mêmes ont demandé l'entrée en faveur des Hollandois, qui, par leur entremise, obtinrent en 1705 la liberté d'y porter leurs étoffes de laine.

Le commerce des Anglois en Portugal

consiste en draps, flanelles, basins, étoffes de Spital-Fields, de Norwich, de Manchester et de Conventry; toiles peintes, bas de soie et de laine, tabis ondés, toutes les espèces de marchandises qui se font à Birmingham et à Sheffield, argent ouvré, pendules, montres, plomb, dragées de plomb, cuivre, étaim, charbon de terre, provisions salées, telles que bœuf, porc, poisson et beurre, toutes sortes de grains, farine, légumes, biscuit, douves, cerceaux, et, pour ainsi dire, tous les articles d'industrie qu'on fabrique en Angleterre.

L'exportation du Portugal consiste aujourd'hui en vins, huiles, peaux, sel, fruits, figues, amandes, liège, orseille, tabac, sucre et plusieurs autres denrées.

Il est donc évident que le Portugal paie et doit nécessairement payer une somme considérable en lingots aux nations qui commercent avec ce royaume. Il est démontré par les registres de la flotte, que, dans l'espace de soixante ans jusqu'en 1756, il a été apporté en Portugal 105,010,000 livres sterlings. Cependant c'est un fait avéré, qu'en 1754, tout l'argent de ce royaume ne montoit guère au-delà de 750,000 livres sterlings; tandis que dans ce même tems la nation se trouvoit endettée de 3,150,000 livres sterlings.

Il n'est pas moins évident que le commerce des Anglois est le moins désavantageux de tous pour les Portuguais, à cause de la grande quantité de vins, d'oranges, de citrons, de fruits secs et autres productions du pays qu'on exporte constamment en Angleterre; ce qui rend la balance du commerce de ces deux nations plus égale qu'elle ne pourroit l'être avec tout autre peuple.

Ce que les Portuguais exportent en Hollande, en France, dans la Baltique, n'est que peu de chose en comparaison de ce qu'ils en tirent en échange. C'est une grande erreur de croire que l'Angleterre est le gouffre qui absorbe tout l'argent du Portugal; erreur qui ne provient que de ce que les vaisseaux anglois sont, pour ainsi dire, les seuls qui soient chargés de le voiturer, à cause de leur supériorité reconnue dans la navigation; de sorte que, non-seulement ils portent en Angleterre l'argent destiné à être remis en Hollande et dans d'autres pays commerçans, mais le voiturent même en droiture dans plusieurs ports de la Méditerranée; ce qui fait que les Anglois, étant chargés du transport de ces espèces, paroissent avoir une plus grande part au commerce de Portugal qu'ils ne l'ont en effet.

On attribue depuis quelque tems au ministre portuguais la cause du déclin du commerce des Anglois en Portugal. Je puis cependant assurer que, s'il étoit pleinement convaincu des désavantages que souffroit le commerce de Portugal, et que, s'il cherchoit à y remédier, il n'étoit pas moins persuadé que le commerce avec l'Angleterre est celui qui est le moins préjudiciable, et qu'il étoit fortement attaché à l'alliance avec cette couronne. Si l'on veut regarder comme des contraventions au traité avec l'Angleterre les moyens qu'il a employés pour encourager l'agriculture, pour introduire les arts, pour faire revivre l'esprit de commerce, et pour secouer la dépendance des étrangers, je crois qu'il ne peut que désirer de s'en trouver coupable. Mais, quelque contraires que ces mesures puissent être aux intérêts des négocians étrangers, elles ne peuvent sans doute que faire honneur au ministre qui les a employées pour l'avantage de sa patrie, sans cependant se rendre coupable d'injustice envers les autres nations, quoique peut-être au préjudice de quelques individus. Et ce seroit sans doute une politique fort bornée que de ne vouloir pas souffrir qu'un ministre décidât de ce qui convient le plus aux intérêts de sa nation; car, malgré tout ce qu'on pourra alléguer de l'esprit et de la bonne foi des traités, il n'est pas moins vrai que chaque état est le meilleur juge de ses propres intérêts, et qu'il possède le droit incontestable d'employer les moyens qu'il croit les plus convenables pour son bonheur et pour sa conservation.

## LETTRE VI.

Lisbonne, 5 mars 1777.

EN réglant les finances du Portugal, M. de Pombal rencontra de grandes difficultés. La longue maladie qui précéda la mort de don Juan V avoit relâché toutes les branches du gouvernement, et y avoit introduit toutes sortes d'abus et de malversations. L'état étoit sans argent, et devoit au delà de 4,000,000 de livres sterlings; et quoique l'importation annuelle des lingots des colonies fût considérable, le trésor de l'état n'excédoit cependant 700,000 livres sterlings.

Il chercha à corriger les abus qui s'étoient tellement incorporés dans l'administration publique, qu'il fallut une grande autorité et beaucoup de persévérance et d'intégrité pour les en extirper. Il commença

mença par supprimer et suspendre les places et les pensions que plusieurs personnes avoient obtenues sans les avoir méritées. Il abolit l'usage d'accorder des gratifications, pour ainsi dire, à tous ceux qui vouloient en demander. Il diminua le nombre des directeurs et des receveurs des finances, et en régla la perception dans toutes les branches, qu'il simplifia de façon que les finances ne se trouvèrent plus chargées que d'un demi pour cent pour la perception; ce qui provenoit encore principalement de ce que l'argent étoit envoyé des provinces éloignées par la poste, qui en Portugal est affermée à une famille particulière. Il examina les comptes de ceux qui formoient des prétentions sur l'état, et trouva plusieurs articles manifestement chargés; ce qu'il corrigea et régla de manière à prévenir de semblables abus à l'avenir.

C'est par ces règlemens salutaires qu'il mit sur un meilleur pied les finances de l'état, à qui il épargna des sommes considérables; de sorte que le trésor royal jouit en peu de tems d'une circulation aisée,

Pendant qu'on étoit occupé de ces arrangemens, la face entière des affaires fut changée par le terrible tremblement de terre qui arriva au mois de novembre 1755. De toutes les calamités qui peuvent affliger un pays, celle-ci est sans contredit la plus affreuse. On compte que plus de quinze mille personnes furent englouties dans la terre. Le malheur fut général, la ville n'offroit plus qu'un vaste amas de ruines : les richesses du prince, de l'église et du peuple subirent le même sort, et la terre reçut de nouveau dans son sein les métaux que l'avarice en avoit arrachés.

Le ministre donna à cette occasion ordre aux provinces qui n'avoient pas souffert par ce désastre, d'assister les infortunés qui venoient de perdre leurs biens. Il dépêcha aussi des couriers dans les différentes cours de l'Europe, pour leur faire part de l'événement malheureux qui venoit d'arriver ; et pour l'honneur de notre siècle, le Portugal reçut des secours de tous côtés. Les maximes politiques firent pour cette fois place aux loix de l'humanité, et les puissances qu'on auroit pu croire mal intentionnées pour le Portugal, furent les premières à lui tendre une main secourable.

Les désordres qui devoient nécessairement suivre cette horrible catastrophe, furent très-grands. Un nombre considérable de personnes qui se trouvèrent tout à coup privées de tout moyen de subsister, eurent recours au vol. Il fallut, non-seulement des soins étonnans, mais encore une habileté supérieure pour rétablir l'ordre et la tranquillité publique.

L'état déplorable où se trouva la ville, fit craindre qu'on ne pourroit jamais la rétablir dans son ancien état. On proposa au conseil de transporter le siège du gouvernement à Coimbre; mais le marquis de Pombal s'y opposa vivement; et, heureusement pour Lisbonne, son avis prévalut. Il fit faire des plans pour rebâtir la ville d'une manière plus régulière et plus commode, et veilla en même tems à la sûreté et au bonheur du peuple.

A peine les affaires se trouvèrent-elles un peu rétablies, que l'état fut troublé de nouveau par l'assassinat du roi. Je sais qu'on a formé des conjectures différentes sur cet attentat dans quelques cours de l'Europe. Plusieurs raisons ont empêché de publier tout ce qui concerne cette malheureuse affaire. La politique de l'état, et probablement l'intérêt et la tranquillité publique exigeoient que plusieurs faits ne fussent pas connus. Mais une des principales raisons a été la volonté absolue du roi, qui ne pouvoit supporter l'idée qu'une des personnes avec qui il avoit eu un commerce de galanterie, fût publiquement exposée et punie; et dans cette occasion l'honneur de l'amant prévalut sur le devoir du souverain.

On a généralement pensé que la punition des coupables a été trop sévère, ce que je ne prétends pas nier. Mais si cependant on considère la nature du gouvernement portuguais, on ne sera peut-être plus surpris de la rigueur de la sentence.

Dans les monarchies souveraines, dont le premier principe du gouvernement est la crainte, les punitions sont toujours rigoureuses, et l'obéissance aux loix n'est maintenue que par la terreur du châtiment. Dans de pareils gouvernemens, le régicide est regardé comme un crime au premier chef, et doit par conséquent être puni avec la plus grande sévérité. Au reste, on ne peut regarder comme trop rigoureux le supplice des conjurés portuguais, puisqu'ils ne souffrirent de châtiment que celui que les loix infligent aux faux-monnoyeurs et aux autres criminels d'état. On peut se plaindre de la rigueur de la loi, mais on n'est pas en droit d'accuser d'injustice ou de cruauté le juge qui ne prononce que selon la loi.

# LETTRE VII.

Lisbonne, 20 mars 1777.

Immédiatement après ce triste événement de la conspiration, le ministre chercha à réformer les abus qui s'étoient glissés dans l'église, et son premier soin fut d'abolir les processions de l'auto-da-fé, cérémonie barbare, également honteuse pour la nation et pour l'humanité.

Il fit une loi suivant laquelle aucun criminel condamné par l'inquisition ne pourroit perdre la vie ou être privé de ses biens qu'après que son procès auroit été préalablement examiné par le conseil, et qu'un ordre, signé du roi, auroit permis l'exécution de la sentence. La justice et l'humanité de cette loi militent sans doute en sa faveur. La nation se vit délivrée de l'oppression la plus horrible et la plus honteuse qu'aucun peuple ait peut-être jamais subie.

L'expulsion des jésuites suivit de près cette loi. Si l'Europe jouit des avantages qui ont été le fruit de la destruction de cet ordre, elle les doit principalement aux soins courageux du marquis de Pombal.

Cette expulsion causa une grande froideur entre les cours de Rome et de Lisbonne, ainsi qu'il parut manifestement au mariage de l'infant don Pèdre. Pendant les trois jours de réjouissances publiques qu'on donna à cette occasion, le nonce du pape refusa d'illuminer son hôtel, et les altercations qui en furent les suites, le firent renvoyer de la cour de Portugal.

Le marquis de Pombal, convaincu de l'impossibilité de faire de grands progrès sans diminuer le pouvoir exorbitant et l'influence du clergé, ne négligea pas cette occasion pour limiter l'autorité du nonce, qui ne fut reçu dans la suite que sur le pied ordinaire des ambassadeurs des puissances étrangères, et à qui on n'accorda plus le droit de suprématie sur le clergé, qui, ayant été regardé jusqu'alors comme sujet du siège de Rome, ne pouvoit être puni selon les loix du Portugal.

Les sommes considérables qu'on donnoit constamment aux églises pour les messes des morts, étoient un impôt onéreux sur les arts et l'industrie, et un grand obstacle à la circulation de l'argent. Le ministre n'abolit pas ces prières; car il n'ignoroit pas que les revenus de l'église doivent être aussi assurés que ceux de l'état; il étoit d'ailleurs persuadé qu'il falloit rendre à Dieu ce qui appartient à Dieu, comme à Cesar ce qui appartient à César. Mais il vit en même tems la nécessité qu'il y avoit de mettre des bornes à ces dons de main-morte; afin que ce qui ne se fait que dans l'intention la plus sainte, ne devînt par ses conséquences un vice pour l'état, en contribuant à diminuer ses revenus, qui doivent être aussi inviolables que ceux de l'église. Il régla donc le nombre des messes qu'on diroit pour les morts, et fixa le prix qu'on donneroit pour chaque messe.

Le nombre considérable de couvens et

de maisons religieuses étoit un autre fardeau onéreux pour l'industrie. Dans un royaume aussi épuisé que le Portugal, il ne laissoit pas d'y avoir plus de six cents couvens, et un grand nombre de maisons religieuses, dont plusieurs jouissoient de plus de 10,000 livres sterlings par an. Ces établissemens privoient non seulement l'état d'un grand nombre de sujets utiles, et diminuoient la population du royaume; mais leur richesses surprenantes faisoient douter si les revenus de l'église n'étoient pas plus considérables que ceux du roi même.

Mais si le marquis de Pombal s'apperçut combien il étoit nécessaire d'opérer une réforme, il n'ignoroit pas moins les difficultés qu'il avoit à craindre dans cette opération, et les reproches qu'il auroit à essuyer. Mais les besoins de l'état l'exigeoient, et son devoir de ministre la lui fit entreprendre avec toute la circonspection possible.

Il forma la résolution, dont il ne se départit jamais pendant tout le tems de son administration, de ne pas remplir les places qui viendroient à vaquer dans les différens ordres monastiques, mais de permettre qu'elles demeurassent vaquantes, et d'incorporer ensemble différens ordres, lorsque les religieux en seroient réduits à un petit nombre.

Il ne faut pas douter que le clergé ne fût alarmé de ces dispositions, et qu'il ne chercha à rendre odieuse l'administration du marquis de Pombal. Le clergé seul ne se trouvoit pas lésé par ces règlemens. Les biens de l'église étoient devenus la ressource des cadets de famille, qui, ne cherchant pas d'autre moyen de subsister, regardoient la vie indolente du cloître comme un état heureux. Privés de cette retraite, ils durent naturellement joindre leurs clameurs à la voix de l'église, contre un ministre qui supporta leurs accusations avec une fermeté qui fait honneur à son caractère. Content d'opérer le bien du royaume, il adhéra constamment à sa résolution, malgré les sollicitations réitérées qui lui furent faites, et le mécontentement que l'on témoigna ouvertement de ses opérations.

L'inquisition s'étoit arrogée jusqu'alors le droit de veiller à l'impression des livres. Le marquis de Pombal jugea à propos d'établir, pour cet effet, un conseil formé de magistrats et d'ecclésiastiques; de sorte qu'on ne prohiba plus que les livres qui tendoient manifestement à inspirer au peuple de l'éloignement pour la puissance civile ou ecclésiastique, et à corrompre les mœurs.

# LETTRE VIII.

Lisbonne, 25 mars 1777.

J'ai déja remarqué la situation où se trouva le Portugal depuis le recouvrement de sa liberté, en 1640, jusqu'à la mort de don Juan V, en 1750, et l'état languissant de ce royaume à cette époque. Une longue paix avoit entièrement éteint l'esprit militaire et anéanti tout système de discipline.

On a vu pareillement le ministre occupé à réformer les abus de l'administration, et à parer aux plus affreuses calamités dont un état puisse être affligé.

Il faut observer que les désordres occasionnés par le tremblement de terre de 1755, par lequel le roi et le peuple furent également réduits à un état précaire, doivent avoir diminué considérablement la puissance de l'état. Ces désordres furent augmentés encore par la conspiration contre la vie du roi ; car tous ceux qui se trouvoient liés par alliance ou par intérêt avec les coupables, ou qui par fanatisme ou par préjugé avoient pris le parti des jésuites exilés, et qui regardoient la réforme opérée parmi le clergé comme une lésion faite à la religion, devoient naturellement être peu portés à faire un effort extraordinaire en faveur du gouvernement, que leur ressentiment ou leurs préjugés leur faisoient voir sous le jour le plus odieux.

## LETTRE IX.

Lisbonne, 30 mars 1777.

L'université de Coimbre avoit subi le même sort que le reste du royaume. A peine restoit-il autre chose de cette université que le nom ; tant il est vrai qu'il y a une connexion et une correspondance naturelle entre les arts libéraux et les arts méchaniques.

C'est une remarque vérifiée par l'expérience, que dans tout pays où l'on ne sait pas faire une bonne charrue ou un bon rouet à filer, on est aussi fort peu versé dans la philosophie et les beaux-arts.

L'université étoit tellement déchue qu'elle avoit passé entre les mains de quelques prêtres ignorans qui négligeoient les vues de son institution, et qui ne calculoient que les avantages qui pouvoient en résulter pour eux. Ceux à qui on donnoit le nom d'étudians étoient au nombre de six à sept mille ; c'est-à-dire, qu'il y avoit six à sept mille noms d'inscrits dans les collèges, tandis qu'on exemptoit les étudians d'y venir, pourvu qu'ils satisfissent aux redevances ordinaires. Après un certain tems, on leur accordoit les degrés, qu'on regardoit comme une espèce de marchandise, puisqu'ils en payoient l'acquisition.

Par cet abus, le progrès des sciences étoit tellement arrêté, qu'il ne faut pas s'étonner si plusieurs branches en étoient tout à fait négligées.

Le ministre retint des anciennes règles celles qu'il jugea utiles, et en dressa d'autres sur la formule de celles des universités d'Angleterre, de France et d'Allemagne.

Il régla le tems que chaque étudiant devroit rester au collège pour être admis aux degrés, qui ne lui seroient alors conférés qu'après un examen public.

Il nomma des professeurs pour la plupart des sciences, et ne choisit que ceux qu'il jugea les plus dignes. Il établit deux nouvelles chaires, l'une pour l'histoire naturelle, et l'autre pour les mathématiques; ce qui alarma vivement le clergé, qui se donna de grands mouvemens pour en prévenir l'établissement. Car il pensoit qu'il ne s'agissoit de rien moins que d'introduire l'hérésie, et que les démonstrations mathématiques contenoient une impiété manifeste, incompatible avec les principes du christianisme.

Le marquis de Pombal fit bâtir deux collèges avec plusieurs chambres pour les étudians, un cabinet d'histoire naturelle et un autre pour la médecine et pour la chimie. Tous ces bâtimens furent construits avec goût, et font également honneur au ministre et à l'architecte. Il donna ordre de bâtir un observatoire, et en fit arranger un provisoirement.

Le clergé se récria sur la dépense de ces bâtimens, en oubliant la grandeur et la magnificence d'un grand nombre de couvens, dont l'avantage, s'il en résulte le moindre pour la nation, ne peut être comparé à celui qu'on doit attendre de ces établissemens.

Les

Les avantages qui résultèrent de ces sages règlemens furent de diminuer le nombre nominal et d'augmenter le nombre réel des étudians qui fréquentoient les collèges, et de les animer à l'étude par des instructions mieux réglées et mieux entendues; de sorte qu'ils commencèrent enfin à exercer leurs facultés intellectuelles, et semblèrent promettre de faire secouer à la nation le joug du fanatisme et de la superstition qu'elle avoit porté pendant si longtems.

Le marquis établit aussi plusieurs écoles publiques dans tout le royaume; il forma un collège ou une école royale pour la noblesse, et fonda une académie royale à Mafra et une autre à Lisbonne; dans cette dernière on enseigne la théorie du commerce dans toutes ses branches.

Il chercha de même à régler les affaires du Brésil, et à étendre dans les colonies le même esprit d'industrie qu'il vouloit établir en Portugal. Comme il savoit que l'état de servitude énerve les facultés de l'ame et empêche l'homme d'agir; il fit passer un décret par lequel tous les naturels du Brésil étoient déclarés aussi libres que les Portuguais mêmes : décret qui fait honneur à l'humanité et qu'aucune autre nation de l'Europe n'a pas encore eu la justice d'adopter.

Cet acte de bienfaisance par lequel des milliers d'hommes ont été rétablis dans leurs droits naturels, dont un gouvernement sévère les avoit privés jusqu'alors, est digne du grand ministre qui en a été le promoteur, et doit servir à prouver son humanité, contre ceux qui l'accusent d'avoir commis des actes de rigueur par une suite naturelle de son caractère dur et atrabilaire.

Afin d'encourager le commerce du Brésil, M. de Pombal leva les restrictions imposées sur la navigation de cette colonie, et permit aux négocians de faire partir leurs vaisseaux aux tems qu'ils le jugeroient le plus convenable ; au lieu qu'auparavant ils ne pouvoient mettre à la voile qu'à certains périodes marqués et en flotte ; ce qui portoit un grand préjudice au commerce.

Il borna aussi le pouvoir du vice-roi, et

diminua les taxes et les impôts qui étoient le plus à charge au peuple.

---

# LETTRE X.

Lisbonne, 2 avril 1777.

Avant que l'administration des affaires du Portugal eût été confiée au marquis de Pombal, la corruption, ce ver rongeur des états, s'étoit introduit dans toutes les branches du gouvernement. Les finances, le commerce, l'agriculture et l'église même s'en trouvoient infectés.

L'armée n'en étoit pas plus exempte. La dernière guerre a fait voir assez clairement la situation des troupes; mais comme le désordre de l'état étoit général, et que presque tous les rangs des citoyens s'y trouvoient impliqués, il fallut une main habile et un tems infini pour rétablir les malheurs qui en avoient été la suite.

L'armée portuguaise étoit composée autrefois de trois ordres différens : une partie appartenoit au roi, une autre à la noblesse, et la troisième étoit levée par les principales villes du royaume. Toutes ces troupes étoient payées par le roi lorsqu'elles étoient en service actuel.

Comme la nation se trouvoit souvent en guerre, ces différentes méthodes de lever des troupes n'entraînoient pas de grands inconvéniens. L'esprit militaire animoit tout le royaume, et le peuple étoit trop intéressé à désirer le succès de l'armée, pour fournir de mauvaises troupes pour sa quote-part. Mais lorsqu'une longue paix eut succédé aux troubles, et que le royaume se trouva épuisé, l'esprit militaire dégénéra, et la jeune noblesse dédaigna d'entrer au service. Alors des officiers ignorans furent nommés, ce qui acheva de détruire la discipline militaire, et les abus ne firent qu'augmenter : on finit enfin par choisir les officiers parmi les domestiques de la noblesse. Il n'étoit pas rare de voir un valet-de-chambre capitaine d'infanterie, et un cocher officier de cavalerie, servant leurs maîtres à table, et menant leurs voitures, les jours qu'ils n'étoient pas de service.

Il faut croire que les grades inférieurs du militaire n'étoient pas mieux remplis. Pour remédier à cet abus, le ministre ne nomma point aux commissions qui venoient à vaquer; résolu de faire une réforme générale aussitôt que les circonstances pourroient le permettre (1).

Voilà ce qui peut avoir fait soupçonner que le marquis de Pombal avoit négligé le militaire. Mais quoiqu'on seroit porté peut-être à croire qu'un ministre qui a joui d'un

---

(1) C'est principalement au comte de la Lippe qu'il faut attribuer la réforme de l'état militaire en Portugal. Ce général, étant un jour à dîner chez le comte-baron des Arcos, général des troupes portugaises, apperçut un valet de la maison en uniforme d'officier, destiné à le servir. Ayant appris que cet homme étoit capitaine des cuirassiers de ce général, qu'on nomme le *régiment d'Alcantara*, il se leva de table, le fit asseoir entre lui et le comte-baron, dont la fierté eut beaucoup à souffrir. Le comte de la Lippe se déclara aussi dans la suite hautement en faveur des duels, et déclara qu'il mépriseroit et feroit chasser tout officier qui refuseroit de donner ou de recevoir satisfaction, sous prétexte de religion, ou en se prévalant des ordonnances.

plein pouvoir, auroit pu opérer la réforme sans temporiser, on devra convenir cependant qu'il a fait sagement d'employer le moins de violence qu'il étoit possible; si l'on considère combien d'autres branches du gouvernement se trouvoient défectueuses, et combien il falloit vaincre à la fois de préjugés fortement établis.

La réforme faite dans l'église avoit déja blessé la noblesse, qui voyoit ses enfans privés de cette ressource; et la réforme complette de l'armée l'auroit privée des moyens d'entretenir un grand nombre de domestiques, ce qui flatte le plus sa vanité. C'eût donc été employer trop de vigueur à la fois, et il étoit bien plus prudent de procéder avec circonspection. Le ministre se contenta par conséquent d'établir une paie plus régulière, de faire mieux habiller les troupes, et de faire observer une discipline plus exacte.

Les troupes de Portugal se trouvèrent sans aucune forme régulière jusqu'en 1735, que don Juan V publia une ordonnance suivant laquelle chaque régiment d'infanterie devoit être formé de deux bataillons de six cents hommes chacun, divisé en dix compagnies, chacune de soixante hommes, y compris les officiers; sans compter deux adjudans, deux chapelains, deux chirurgiens et un tambour-major. Chaque compagnie devoit avoir un capitaine, un lieutenant, un enseigne, deux sergens, quatre caporaux et un tambour; et chaque régiment trois officiers-majors, un colonel, un lieutenant-colonel et un major.

Les régimens de cavalerie et de dragons devoient être composés de cinq cents hommes, divisés en dix compagnies de cinquante hommes chacune, y compris les officiers; sans compter un adjudant, un chapelain et un chirurgien. Suivant cette ordonnance, l'état militaire de Portugal consiste aujourd'hui en quarante régimens d'infanterie et seize de cavalerie.

Pour donner une idée des forces du Portugal aux différens périodes, avant la révolution de 1640, j'en tracerai le tableau suivant, tiré de l'histoire de ce royaume. Du tems de la révolution ses forces étoient si dispersées qu'il ne m'a pas été possible d'en former le calcul; et je n'ai pas de renseignemens suffisans pour en faire l'estimation depuis cette époque jusqu'à nos jours.

|  | *Infant.* | *Cav.* |
|---|---|---|
| 1139 Don Alphonse, à la bataille de Campo-Ourique, où il vainquit les Maures, et fut élu roi, avoit..................... | 12.000 | |
| 1414 Don Juan I, pour la guerre de Barbarie. | 20,000 | |
| 1459 Don Alphonse V................ | 14,000 | 5,600 |
| 1506 Don Emmanuel................. | 14,000 | 9,000 |
| 1578 Don Sébastien, pour la guerre de Barbarie........................ | 11,000 | |
| 1776 Don Joseph le défunt roi........... | 48,000 | 8,000 |

# LETTRE XI.

Lisbonne, 10 avril 1777.

La paix de 1763 n'avoit pas encore assez bien déterminé les limites des possessions de l'Espagne et du Portugal en Amérique pour prévenir toute contestation à l'avenir.

Comme ces différends entre les deux cours ne sont pas généralement connus, je vais tâcher d'en expliquer la cause aussi clairement qu'il me sera possible.

On a toujours posé la rivière de la Plata pour bornes du Brésil du coté du midi comme il paroît même qu'on en étoit pleinement convenu autrefois; car on trouve par un traité signé à Lisbonne le 7 mai 1681, que le gouverneur de Buénos-Ayres ayant envahi et occupé un poste appelé *la colonie du Saint-Sacrement*, Charles II, qui régnoit alors en Espagne, ordonna sur-le-champ de rendre ce poste aux Portugais avec dommages et intérêts, et de punir le gouverneur d'avoir fait cette invasion.

Le sixième article du traité de paix signé à Utrecht, le 6 février 1715, entre les cours d'Espagne et de Portugal, porte expressément, que l'Espagne ayant terminé toute matière de contestation par le précédent traité du 7 mai 1681, renonce solemnellement à tous les droits qu'elle avoit ou pourroit avoir sur la côte septentrionale de la rivière de la Plata, et déclare d'une manière authentique et dans les termes les plus forts : « Que ledit territoire ap-
« partient au roi de Portugal, et à ses hé-
« ritiers et successeurs. » La possession de ce pays fut assurée plus fortement encore au Portugal par l'Angleterre.

1°. Par le vingt-unième article du traité d'alliance offensive du 16 mai 1703.

2°. Par le cinquième article de l'alliance défensive signée dans le même tems.

3°. Par le vingtième article du traité d'Utrecht de 1713, entre l'Angleterre et l'Espagne, et confirmé formellement par l'acte de garantie qui passa au sceau d'Angleterre le 8 août 1713.

4°. Par l'acte de garantie signé à Utrecht entre les rois d'Espagne et de Portugal, qui passa au grand sceau d'Angleterre le 3 mai 1715.

En 1762, don Pedro de Cevalhos, général espagnol, en conséquence de la guerre entre les deux cours, prit possession de ce pays, depuis la colonie du Saint-Sacrement jusqu'à Rio Grande de San Pedro, qui fut de nouveau formellement restituée au Portugal par le traité de Paris du 10 février 1763, derechef garanti par l'Angleterre par le vingt-sixième article du même traité, dont l'exécution fut ordonnée dans la suite par une décrétale signée le 3 juin de la même année, de la propre main du roi d'Epagne.

Malgré tous ces traités, le gouverneur de Buénos-Ayres ne laissa pas de garder la possession de ce pays, sous prétexte qu'il se trouvoit dans la ligne de démarcation tracée par le pape Alexandre VI; alléguant d'ailleurs comme une raison spécieuse, que tous les traités passés avant qu'une guerre se déclare, étoient rompus par cette guerre, et ne reconnoissant point la force du second article du traité de Paris, qui porte expressément : « Que les « traités entre les deux cours d'Espagne « et de Portugal, du 13 février 1668, du « 6 février 1715, du 12 févrir 1701 et du « 11 avril 1713, avec les actes de garan- « tie de la Grande-Bretagne, serviroient « de fondement et de base à la paix et au « traité actuel; c'est pourquoi on les re- « nouvelloit et les confirmoit de la ma- « nière la plus formelle. »

Un autre prétexte dont se servirent les Espagnols, fut que les Portugais, en conséquence du traité des limites en 1750, s'étoient emparés de terres qui appartiennent incontestablement à l'Espagne. Ceci regarde les terres limitrophes du pays que possédoient les jésuites, et sur lesquels les Portugais prétendent que les Espagnols n'ont pas plus de droit que sur les terres du Paraguay, dont les jésuites, sous prétexte d'enseigner le christianisme, furent les premiers possesseurs, et sur lesquelles ils gardèrent un si profond silence, que les Espagnols n'en eurent pas la moindre connoissance, que lorsque, se croyant supérieurs aux forces de l'Espagne et du Portugal, ces pères déclarèrent enfin leur empire, établi sous leur général, et publièrent une carte géographique, qui fut imprimée à Rome, en 1732, par Jean Petroschi, et ensuite réimprimée à Venise, par Joanno Domingo, avec ce titre : *Paraquariae, Provinciae, Societ. Jesu cum adjauntibus, novissima descriptio, admodum in Christo Patri suo Patri Francisco Ritz. Soc. Jesu Praep. Generali 15. Hanc terrarum filiorum suorum, sudore et sanguine excultaram et rigataram Tabulam, D. D. D. Provinciae Paraquariae Soc. Jesu anno 1732.*

Sous la sanction de ce prétendu empire de leur général, ils firent, en 1754 et 1755, la guerre contre les sujets des deux couronnes, jusqu'à ce qu'en 1756 le général portuguais, Freire de Andrada, les défit avec une perte considérable, et prit possession de leurs établissemens situés sur la rive orientale de l'Uraguay ; et les Portuguais prétendent que les Espagnols ni leur général don Joseph Andonaigui, ne virent jamais le pays des jésuites que lorsqu'ils y furent conduits par l'armée victorieuse de Portugal.

Les Portugais de la capitainerie de Saint-Paul, qui se trouvoit sur les confins du pays des jésuites, voyant que ces pères cherchoient à étendre leur puissance de ce côté là, y bâtirent un fort pour les en empêcher; lequel fort, situé sur la rivière de Pardo, se trouve marqué sur la carte des jésuites comme appartenant au Portugal.

# LETTRE XII.

Lisbonne, 15 avril 1777.

Par la carte publiée par les jésuites, il paroît que la rivière de Pardo se trouvoit enclavée dans le territoire des Portugais, qui étoient paisibles possesseurs de ce pays en 1732, et par conséquent dix-huit ans avant le traité des limites de 1750.

Les deux plénipotentiaires nommés pour négocier le traité des limites, le 13 janvier 1750, furent Thomas da Silva Telles et don Joseph de Carvajal y Lancaster, qui convinrent qu'il étoit impossible d'exécuter leur commission sans une carte du pays: en conséquence, ils ordonnèrent qu'on en dressât une pour leur usage, sur laquelle seroient marquées les possessions des deux couronnes, et ce que chacune d'elles devroit céder à l'autre, afin que cette carte pût servir de fondement et de base au traité des limites.

La carte fut légalisée et rendue authentique par les mêmes plénipotentiaires, qui en légalisèrent les deux duplicates ; dont l'un, en portugais, devoit être déposé dans les archives de Madrid, et dont l'autre, en espagnol, resteroit dans les archives de Lisbonne. Le titre de cette carte est :

## MAPA

*De los Confinos del Brazil, con las tierras de la Coronna de Espana en la America Meridional. En el Anno 1743.*

Cette carte termina tous les différends qui s'étoient élevés jusqu'en 1743, et par conséquent jusqu'à l'année 1750, puisque les plénipotentiaires convinrent alors de la prendre pour base du traité des limites, qu'on conclut dans ce tems. Il restoit seulement une grande étendue de pays, depuis Rio Pardo jusqu'aux établissemens des jésuites dans le Paraguay, qu'on devoit determiner suivant l'agrément des
deux

deux cours, par la médiation de leurs amis communs.

# LETTRE XIII.

Lisbonne, 20 avril 1777.

Les contestations entre l'Espagne et le Portugal devenant de jour en jour plus vives, on fit plusieurs tentatives pour réconcilier ces deux couronnes; lorsqu'un événement fit espérer qu'on pourroit convaincre la cour de Madrid de l'amitié de celle de Lisbonne, et de son désir de vivre en bonne harmonie avec sa majesté catholique.

Le soulèvement de Madrid, en 1766, donna au marquis de Pombal l'occasion de marquer sa bonne volonté à la cour d'Espagne. On n'eut pas plutôt reçu à Lisbonne les nouvelles de cet événement, qu'on expédia un courier à Madrid pour offrir à sa majesté catholique toute espèce de secours, et pour l'assurer en même tems que les troupes sur les frontières de Portugal avoient ordre de lui obéir, et de marcher sur-le-champ, si sa majesté le jugeoit à propos.

Cette offre fut extrêmement bien reçue à Madrid, et la correspondance qui, pendant ce tems, s'établit entre les deux cours, fit espérer au ministre portugais que leur disposition actuelle pourroit servir à terminer enfin leurs difficultés à l'amiable.

En conséquence, le marquis de Grimaldi proposa, au mois de mai de l'année 1767, à l'ambassadeur de Portugal, de faire un traité par lequel on termineroit pleinement à l'amiable les contestations des deux couronnes.

La cour de Lisbonne, informée de cette disposition, ordonna à son ambassadeur d'accéder à la proposition, et d'assurer sa majesté catholique que le roi de Portugal étoit d'opinion qu'il falloit dépêcher des ordres à leurs généraux respectifs de suspendre les hostilités, et de rétablir les choses sur le pied où elles se trouvoient alors (le 28 mai 1767). La dépêche qui contenoit ces instructions finissoit par ces mots : « En cas que sa majesté catholique accède « à cette proposition, et veut bien vous « confier une copie des ordres envoyés à « M. de Bucarelli (gouverneur de Buénos-« Ayres), vous remettrez une copie de « l'incluse à M. de Grimaldi pour lui servir « de reversale. »

Pour répondre à cette démarche, M. de Grimaldi déclara, le 12 octobre suivant, à l'ambassadeur de Portugal : « Que sa « majesté catholique avoit agréé la pro-« position, et avoit le plus grand désir de « donner des preuves de sa bonne vo-« lonté ; ce dont il pouvoit informer sa « cour. »

Les ordres ayant été expédiés, les deux puissances voisines en Amérique demeurèrent en paix pendant tout le tems que dura l'administration de M. de Bucarelli ; c'est-à-dire, jusqu'à la fin de 1773, que les Portuguais reçurent quelques insultes, qu'ils ne regardèrent néanmoins que comme provenant uniquement des contestations entre les particuliers de deux nations rivales et limitrophes.

Mais ils furent bientôt détrompés. M. de Virtin publia, par l'autorité de don François Bruno de Xavala, un manifeste à Rio Pardo, à la tête d'une armée de six mille hommes de troupes régulières et d'un corps considérable d'Américains. Il déclaroit, par ce manifeste, que tout le pays appartenoit au roi d'Espagne, et qu'il alloit traiter les Portugais comme des *brigands et des voleurs*.

Ils eurent d'autant plus lieu d'être surpris, qu'ils s'apperçurent que pendant le courant de l'année 1774, les Espagnols reçurent, par des vaisseaux de guerre, des secours de toute espèce, consistant en artillerie, munitions de guerre, etc.; et qu'ils ne cessèrent de canonner les vaisseaux portugais qui apportoient des provisions dans le port de Patras Mor, situé au nord de Rio grande de San Pedro, du côté opposé de la rivière, qui étoit le seul endroit par où les Portugais pussent recevoir les provisions nécessaires.

Le marquis de Grimaldi ayant été instruit de ces faits, proposa une nouvelle négociation, en se servant plusieurs fois de cette expression : « Que le roi votre maî-
« tre fasse connoître ce qu'il désire, et sa
« majesté y satisfera volontiers, quand mê-
« me elle devroit sacrifier ses propres inté-
« rêts. »

Cette négociation fut renouée pour la seconde fois le 27 novembre 1775, et l'ambassadeur de Portugal informa sa cour que le roi d'Espagne avoit expédié des ordres au gouverneur de Buénos-Ayres de suspendre les hostilités depuis la date de la négociation.

En réponse de cet avis, on autorisa l'ambassadeur de Portugal à déclarer que sa majesté très-fidèle avoit ordonné de faire appareiller un vaisseau pour Rio Janeiro, destiné à y porter les ordres les plus précis aux officiers de terre et de mer, non-seulement de suspendre les hostilités, mais de rétablir toutes les choses dans l'état où elles se trouvoient avant le 17 juillet que commença cette négociation. L'instruction finissoit par ces mots : « Votre excellence

« peut donner cette assurance par écrit à la « cour de Madrid, en demandant une semblable reversale à M. de Grimaldi. »

L'ambassadeur, conformément à ces instructions, fit par écrit cette déclaration; et pendant que le vaisseau en question attendoit la lettre reversale du marquis de Grimaldi, la cour de Lisbonne reçut une dépêche de son ambassadeur par laquelle il l'informoit: « Qu'un ami commun (le lord Grantham), s'étoit chargé « de régler tous les différens, et qu'en conséquence il avoit représenté que le meilleur moyen pour éviter toute difficulté, « étoit de retirer sa première lettre, et d'en « écrire une seconde dans laquelle il ne « seroit pas fait mention des dates de la « restitution, ni de l'état dans lequel les « choses pourroient se trouver; qu'on n'y « parleroit pas non plus du tems que sa « majesté catholique avoit ordonné la sus« pension, ce qu'on n'avoit appris à Lis« bonne que par la communication de la « conférence du 12 août.

L'ambassadeur, comptant que les bons offices de son ami l'aideroient à concilier les affaires, prit sur lui de retirer sa première lettre, et d'en écrire une seconde conçue en ces termes :

« Un courier, arrivé dans l'instant, m'apporte l'ordre d'assurer expressément et positivement votre excellence, que le roi mon maître a fait partir un vaisseau pour le Brésil avec les ordres les plus précis et les plus péremptoires de cesser toute hostilité.

« Je prie votre excellence de me donner une lettre reversale, pour assurer ma cour que sa majesté catholique a fait la même chose. »

La réponse de M. de Grimaldi portoit :

« Sa majesté m'ordonne de faire savoir à votre excellence que depuis le 12 août des ordres ont été donnés au gouverneur de Buénos-Ayres, d'éviter toute hostilité avec les troupes portugaises, en cas qu'elles n'entreprennent rien contre les sujets de sa majesté, et qu'elles n'empiètent point sur les territoires d'Espagne. »

La cour de Portugal, quoique surprise de la démarche de son ambassadeur, qui l'avoit assuré si positivement que le vaisseau destiné pour Rio Janiero *avoit déjà mis à la voile*, ce qui étoit si contradictoire à la notoriété publique, n'en étoit pas moins disposée à terminer tous les différends. En conséquence, elle expédia des ordres pour suspendre toute espèce d'hostilité le plutôt possible; mais ces ordres n'arrivèrent au Brésil que le 1er. avril 1776, c'est-à-dire, le jour même que la cour de Lisbonne reçut la nouvelle de la destruction de neuf vaisseaux portugais dans Rio grande de San Pedro, et que les Espagnols avoient élevé et muni de garnison six forts, dans le tems même que l'on continuoit la négociation; que de plus ils fortifioient les passages difficiles et avoient amené une frégate et cinq grands navires armés pour détruire les vaisseaux portugais, ce qu'ils avoient effectué le 19 février 1776.

# LETTRE XIV.

Lisbonne, 25 avril 1777.

A la réception des lettres qui portoient les ordres de suspendre les hostilités, le marquis de Levradio, vice-roi du Brésil, fut fort embarrassé par la situation critique dans laquelle il se trouvoit; mais obéissant implicitement aux volontés du roi, il dépêcha les instructions nécessaires aux différens gouverneurs pour faire cesser les hostilités.

Peu de jours après qu'il eut fait partir ces ordres, il reçut avis que les Espagnols avoient fait plusieurs attaques le 26 mars et le 1er. et le 2 avril; et il ne tarda pas à recevoir des lettres des gouverneurs de Rio Pardo et de Rio grande, par lesquelles ils lui marquoient, que l'état des affaires ne leur avoit pas permis de se conformer à ses ordres, sans se mettre entièrement eux-mêmes et tout le pays, à la merci des Espagnols, qui, conformément à leur manifeste, avoient déclaré qu'ils les traiteroient comme des *brigands et des voleurs*. Ils s'excusèrent en disant qu'une nécessité absolue pourroit seule les forcer à commettre des actes d'hostilité, si contraires à leur propre inclination, à ses ordres et aux volontés expresses du roi.

Les affaires se trouvoient dans cette situation, lorsqu'à la mort du feu roi, M. de Pombal ayant demandé plusieurs fois sa démission, obtint la permission de se retirer dans ses terres, se réservant, pour sa vie durant, les appointemens de sa place de secrétaire d'état, seule récompense qu'il eût reçue pendant tout le tems de sa longue gestion.

Je dois observer ici qu'au commencement des négociations entre l'Espagne et le Portugal, on insinua toujours au ministre portuguais, quoiqu'on ne le lui proposa jamais d'une manière ouverte et authentique, que pour mieux terminer les différends et cimenter l'amitié que la nature semble avoir désignée entre les deux nations, elles se garantiroient réciproquement leurs possessions en Amérique ; et que lorsqu'on attaqueroit ou le territoire d'Espagne ou celui de Portugal, il seroit regardé et défendu également par les deux parties comme une cause commune. Suivant cet accord, le Portugal pouvoit fixer ses propres limites, et l'Espagne convenoit qu'elle possédoit un territoire assez étendu, pour que les terres qui occasionnoient les contestations actuelles fussent d'une assez grande valeur pour mériter quelqu'autre considération que celle qui pourroit servir à cimenter l'amitié désirée et l'alliance du Portugal.

Le marquis de Pombal s'appercevoit bien du but auquel tendoit cette amitié désirée et cette étroite alliance ; il savoit combien il seroit dangereux pour les intérêts du Portugal d'être si intimement lié avec l'Espagne ; il n'ignoroit pas que la politique de la cour de Madrid étoit de rendre le Portugal un royaume dépendant, et quoique peut-être pas de nom, du moins en effet, une simple province de la couronne d'Espagne. Ce système, que Philippe II (1) forma le premier, a toujours été depuis la politique de tous ses successeurs jusqu'à ce jour. Cette politique étoit trop marquée dans le manifeste publié par l'Espagne en 1762, immédiatement avant la guerre, pour ne pas en appercevoir facilement la ruse.

---

(1) Philippe II laissa des instructions sur la conduite à tenir avec le Portugal, dont son fils et son petit-fils ne se sont jamais écartés.

Il remarque que le Portugal ne peut être que de peu de valeur aussi long-tems qu'il ne sera pas tout-à-fait soumis; mais qu'on pourra en tirer des avantages considérables quand on s'en sera une fois rendu maître. Pour y parvenir, dit-il, il ne faut pas priver les Portuguais de leurs priviléges; on doit, au contraire, les traiter avec douceur, caresser la noblesse et l'engager à passer à Madrid, en mariant les gentilshommes espagnols sans fortune avec les riches héritières de Portugal, jusqu'à ce que toute distinction entre les deux nations ait disparue. Il conseille de laisser toujours le gouvernement entre les mains d'un prince ou d'une princesse du sang; mais entouré de ministres qui seuls soient instruits des secrets de l'état; enfin, d'employer les Portuguais pour toutes les places qu'on pourroit leur confier : ce qui, non-seulement les rendra odieux, dit-il, mais rompra même tout commerce et toute connexion entre eux et leurs compatriotes.

# LETTRE XV.

Lisbonne, 1<sup>er</sup>. mai 1777.

Le fanatisme et la superstition du peuple rendent en Portugal l'influence et le pouvoir du clergé plus grands qu'on ne le pense.

Les prêtres savent que leur existence dépend de cette superstition, et que l'ignorance la plus grossière en est le premier fondement. Le peu de livres qu'on imprimoit en Portugal avant que le marquis de Pombal en eût réglé la censure, consistoient principalement en quelques vies de saints, les récits des miracles opérés par des reliques, et quelques autres semblables, propres à entretenir la superstition du peuple et sa soumission aux prêtres, comme aux ministres choisis de Dieu.

Il est facile de se persuader qu'ils employoient aussi leur pouvoir à prévenir tout esprit d'industrie qui auroit pu éclairer le peuple et diminuer la dépendance du clergé. Mais lorsque les moines virent que les règlemens faits par le marquis de Pombal alloient diminuer leur influence, ils n'épargnèrent aucun soin pour rendre son administration odieuse, et employèrent les moyens les plus honteux pour le perdre dans l'esprit du peuple. Ils l'accusèrent publiquement d'être *Anglois*, tant dans sa religion que dans sa politique; espérant de pouvoir le marquer par-là du sceau de la réprobation, ou du moins de le faire passer pour un homme qui vouloit établir l'hérésie sur les ruines de leur sainte religion.

Quoique toute personne sensée doive être convaincue que le marquis de Pombal, indépendamment de ses principes de religion, étoit trop habile politique pour vouloir introduire la religion protestante dans un gouvernement purement monarchique; et qu'il ne soit pas raisonnable de croire qu'un ministre qui jouit d'un plein pouvoir, puisse désirer de voir ce même pouvoir altéré, il n'est pas moins vrai que le clergé a cherché à faire recevoir ces idées.

L'évêque de Coimbre, qui avoit assez d'esprit pour être un enthousiaste, publia quelques écrits, dans lesquels il ne faisoit aucun scrupule d'assurer que l'hérésie avoit corrompu le cœur du ministre, qu'elle gagneroit bientôt le trône, et qu'enfin tout le royaume sembloit menacé de son infection.

Le prélat se flatta même qu'il seroit regardé comme un défenseur de la foi, et traité comme un martyr de la religion; mais il fut trompé dans son attente : on se contenta de l'exiler de son évêché et de le mettre en prison, pour qu'il ne pût fomenter aucun trouble dans l'état. Plusieurs autres membres du clergé, ayant suivi son exemple, furent traités de la même manière. Par ce moyen, on conserva la tranquillité dans l'état, et le clergé se vit frustré de ses espérances.

Les jours de fête et les processions qui sont en grand nombre en Portugal, doivent être regardés comme autant d'entraves à l'industrie du peuple, et comme tendant plutôt à corrompre ses mœurs qu'à les corriger. Les prêtres s'inquiètent peu de la morale du peuple, pourvu qu'il ne néglige point les règles de l'église ; de sorte que ces cérémonies religieuses sont un malheur pour l'état, et ne servent qu'à introduire le vice, en accoutumant le peuple à la paresse.

LETTRE

# LETTRE XVI.

Lisbonne, 4 mai 1777.

La résignation du marquis de Pombal, et le pardon général qu'on proclama après la mort du roi, furent, pour le clergé, un tems d'alégresse. Les moines qu'on avoit mis en prison pendant son administration, furent reconduits à leurs couvens où on les reçut en triomphe comme autant de martyrs; et l'espoir de voir bientôt le pouvoir sacerdotal entièrement rétabli, rendit complette la victoire de l'église sur le ministre.

On mit en liberté, sans distinction, tous les criminels, parmi lesquels il s'en trouvoit un grand nombre qui avoient été condamnés à plusieurs années de prison pour différens crimes dont on avoit déja oublié les particularités, et qui furent élargis sur l'histoire qu'ils voulurent bien faire du sujet de leur détention. De sorte que personne ne convint d'être coupable, et que tous prétendirent n'avoir été mis en prison que par la cruauté ou par le caprice du ministre.

La misère qu'ils avoient soufferte pendant leur prison et le triste état dans lequel ils parurent, excitèrent la compassion du peuple, et l'on mit sur le compte du marquis toute la sévérité et toutes les indignités ordinaires des géoliers. On ajouta foi aux contes les plus absurdes, et les portes des églises furent sur-tout investies par ces malheureux qu'on engagea à faire le récit de leurs pitoyables histoires, afin d'augmenter les clameurs publiques contre le ministre. Les prisonniers d'état, n'ayant plus d'accusateurs, saisirent l'occasion de jeter tout le blâme sur le marquis, pour mieux se disculper eux-mêmes.

La noblesse, qui s'étoit vu éloignée de l'administration de l'état, et dont les familles avoient beaucoup perdu par les règlemens du ministre, fut charmée du changement total qu'elle espéroit dans les affaires, en se flattant de jouir des charges et des revenus du gouvernement, ainsi qu'elle l'avoit fait autrefois.

Le bas peuple, excité par le clergé, comme on l'a déja remarqué, fut pendant quelque tems irrité contre le marquis; mais comme son animosité ne fut pas de longue durée, il reconnut bientôt l'avantage qui résultoit de plusieurs bons règlemens qu'il avoit faits; et je suis convaincu que si on l'abandonne à lui même, il rendra sous peu au ministre toute la justice qui lui est due.

Les négocians anglois regardèrent comme un événement heureux pour leur commerce, la retraite d'un ministre qui animoit et protégeoit les fabriques et les manufactures du pays, ce qui étoit diamétralement contraire à leurs intérêts. Ils avoient tout lieu d'espérer que ces manufactures, faute d'être soutenues, tomberoient bientôt, et que leur commerce augmenteroit alors en raison de leur déclin. Ils n'ignoroient pas que le clergé, reprenant son ancienne autorité, introduiroit un plus grand nombre de fêtes, de processions, et une observation plus rigoureuse des jours de jeûne ; ce qui augmenteroit la paresse du peuple, et occasionneroit une plus grande consommation de poisson salé, qui est un des plus importans articles de leur commerce. De sorte que la dépravation d'une classe des citoyens, et l'ambition et les vues intéressées d'une autre classe firent regarder la retraite du marquis comme un sujet de joie et d'alégresse publique.

Si l'on réfléchit sur la situation dans laquelle se trouvoit le royaume lorsque le marquis fut chargé de l'administration des affaires ; si l'on se rappelle qu'il se trouvoit tellement épuisé, qu'il étoit tombé dans un état plus précaire que celui de son enfance, par la corruption et la vénalité qui s'étoient glissées dans toutes les branches du gouvernement ; si l'on considère que le royaume étoit sans agriculture, sans finances et sans argent ; et si, pour achever ce tableau déplorable, on se retrace toutes les calamités qui ont accompagné le tremblement de terre, la conspiration et la guerre, événemens qui se sont succédés rapidement, on devra avouer qu'il se présentoit de grands obstacles pour toute espèce d'amélioration, et qu'il étoit, pour ainsi dire, impossible au gouvernement de rendre à la nation son ancien degré de force et de considération sans des efforts extraordinaires.

Avant l'administration du marquis de Pombal, la police de Lisbonne étoit si mauvaise qu'il étoit dangereux de se trouver dans la rue sur le soir et pendant la nuit, et les meurtres étoient si fréquens qu'on ne les regardoit plus que comme des accidens ordinaires. Mais depuis l'ordre que ce ministre y a établi, les choses ont tellement changé, qu'il y a lieu de croire qu'aujourd'hui la sûreté est plus grande dans les rues de Lisbonne que dans celles d'aucune autre capitale de l'Europe.

Pendant la durée du ministère du marquis, la nation s'est beaucoup éclairée, l'agriculture a fait de grands progrès, le commerce s'est fort étendu, on a cultivé les arts et les sciences, plusieurs manufactures se sont établies, et les finances ont été remises sur un pied respectable. Ces faits font sans doute honneur au ministre à qui la postérité rendra la justice qui lui est due, lorsque le tems aura détruit les préjugés qui se sont élevés contre lui.

## LETTRE XVII.

*Lisbonne, 3 juin 1777.*

Le Portugal se voyant privé de la protection qu'il avoit droit d'attendre de l'Angleterre, et se trouvant trop foible, sans son secours, pour résister aux forces de l'Espagne, s'est vu dans la nécessité de se soumettre aux termes que la cour de Madrid a bien voulu lui prescrire; et a été obligé de donner le premier exemple, sans doute, d'un état qui se désarme lui-même pour entrer en négociation de paix avec une puissance supérieure, qui continuoit à faire de grands préparatifs de guerre.

Il est à croire, par l'état actuel des affaires du Portugal, que la cour de Lisbonne a déja accédé ou devra accéder bientôt au pacte de famille, ou que du moins elle ne pourra pas garder la neutralité si la guerre se déclare; il ne sera donc pas inutile de jeter un coup d'œil sur les conséquences qui pourront résulter de la perte que l'Angleterre fera du Portugal, son ancien et utile allié.

Si l'on considère la situation géographique de Lisbonne, on s'appercevra facilement que tous les vaisseaux qui se rendent dans la Méditerranée, aux côtes d'Afrique et aux Indes orientales, doivent nécessairement passer entre Lisbonne et les îles de l'Océan occidental. D'où il suit naturellement que l'Angleterre possède un poste important dans l'usage de ce port; non-seulement pour la protection de sa propre navigation, mais parce qu'elle peut encore nuire au commerce de la France et de l'Espagne. Privée de ce port et de tous les autres que leur offre le Portugal, toutes les fois que la guerre aura lieu avec les alliés de la maison de Bourbon, l'Angleterre se verra sans une seule retraite sur toute la côte de l'Océan occidental, depuis Land's end jusqu'à Gibraltar; tandis que ses ennemis auront les ports de Portugal et des îles de cette mer pour leur servir d'asyle; ce qui encouragera un essaim d'armateurs à profiter de cette situation avantageuse pour préjudicier à notre commerce. Quelques vaisseaux de guerre placés à Lisbonne, pourront non-seulement porter un grand préjudice à notre commerce; mais empêcher en même tems nos vaisseaux marchands de fréquenter ces parages sans des convois considérables, au grand détriment de la navigation. Notre marine, au lieu de purger les mers des armateurs et de détruire le commerce de nos ennemis, ainsi qu'elle l'a fait pendant la dernière guerre, ne pourra plus être occupée qu'à protéger nos flottes marchandes.

L'Angleterre perdra alors les avantages qu'elle retire maintenant de son commerce en Portugal, et qui proviennent de ce que ce royaume ne peut fournir les matières brutes ou œuvrées en assez grande quantité pour sa propre consommation, et moins encore pour l'approvisionnement de ses colonies d'Asie, d'Afrique et d'Amérique, où l'on fait passer les denrées et les marchandises d'Angleterre par la voie de son commerce avec le port de Lisbonne. On peut compter que la somme moyenne de l'importation que l'Angleterre fait annuellement en Portugal, monte à un million de livres sterlings. Cette importation consiste principalement en marchandises fabriquées en Angleterre, et qui par conséquent ont déja donné quelque profit à la nation. On doit observer encore que nous sommes les voituriers des Portuguais, et que c'est nous qui transportons la plus grande partie de leurs marchandises. On trouve néanmoins que pendant les cinq années de guerre, c'est-à-dire, depuis 1756 jusqu'en 1761, notre marine marchande a diminué de plus de dix-sept cents vaisseaux, et que le nombre des navires étrangers commerçant en Angleterre, a augmenté de plus de huit cent soixante; quoique pendant tout ce tems nous ayons joui du commerce du Portugal et de l'Amérique. La perte de ces deux branches affoiblira considérablement notre commerce de transport dans une prochaine guerre, et sera naturellement suivie du dépérissement de tous les métiers, etc. qui dépendent du commerce maritime. Ce qui diminuera sans doute beaucoup le nombre des matelots et des ouvriers, et toute la valeur de leur travail sera perdue pour l'Angleterre.

Mais ce que nous avons le plus à craindre, c'est que les François, nos rivaux, ne deviennent les voituriers à notre place, ainsi qu'on peut le conjecturer par l'état actuel des affaires. Ils ont déja augmenté leur commerce aux Indes occidentales du double de ce qu'il étoit en 1764; ils ont même donné à leur commerce en général une activité qui doit nous alarmer bien davantage que la perte des branches particulières qu'ils nous ont enlevées.

La perte du cabotage est d'une si grande importance pour une puissance maritime, qu'on ne peut en calculer la valeur. C'est lui qui donne l'existence à une nation commerçante; il est en même tems et la pépinière et la ressource des matelots et des ouvriers, dont le nombre sera plus ou moins considérable en raison de l'augmentation ou de la diminution du commerce de transport. De fortes taxes et des gages modiques forceront les matelots et les ouvriers à s'expatrier; si, au contraire, on augmente leurs gages, on fera hausser le prix des marchandises, de manière à diminuer les demandes de l'étranger. Dans ces deux cas, la nation perdra également son commerce, et la diminution des revenus de l'état en sera une suite immanquable.

F I N.

# PORTRAIT HISTORIQUE

## DU MARQUIS

## DE POMBAL.

# PORTRAIT HISTORIQUE

## DU MARQUIS

## DE POMBAL.

Sébastien-Joseph Carvalho, comte d'Oyeras, et ensuite marquis de Pombal, est né en 1699, d'une famille noble de Soure, près de Coimbre, et fut élevé dans cette université, où il se distingua bientôt par son génie; mais entraîné par des passions vives et par son goût pour les armes, il entra fort jeune dans un corps de vingt-quatre archers de la garde du palais, sous le règne de don Juan V. Il s'y fit de nouveau remarquer par un courage extraordinaire et par son esprit; cependant il se vit obligé de quitter ce corps, à cause de quelques écarts de jeunesse qu'il y commit.

Dans ce tems l'infant don Antonio, frère du roi don Juan V, homme féroce et cruel, se faisoit un plaisir de se battre continuellement. Les rues de Lisbonne étoient infestées toutes les nuits par des bandes d'hommes armés, qui cherchoient les aventures. Le prince moteur et chef de tous ces désordres, couroit lui-même les rues pour aller attaquer et insulter les passans à la tête d'une bande de gentilshommes. On appeloit ces bandes *ranchos*. Une barbare émulation s'étoit emparée de la haute noblesse : le duc de Cadaval, le marquis de Marialva et de Cascaës, les Avieras, les Obidos avoient chacun leur rancho. La rencontre de ces illustres bandits étoit toutes les nuits signalée par des meurtres ou des blessures ; ce qui produisoit des haines, des vengeances et des espèces de guerres civiles dans la capitale et sous les yeux du roi. Les étrangers formoient aussi des ligues offensives et défensives : sous ce prétexte, des troupes de matelots descendoient à terre, attaquoient les braves de Lisbonne, et les détroussoient quand ils étoient les plus forts.

Carvalho,

Carvalho, distingué par une taille avantageuse et presque gigantesque, une force extraordinaire, un courage invincible, une belle figure et un esprit supérieur, voulut renchérir sur tous les braves de son tems. Il s'associa un autre brave à peu près pareil à lui; ils se firent faire chacun une cape blanche, un chapeau et des souliers blancs, pour être facilement reconnus de nuit, et ils se mirent à attaquer seuls tous ces ranchos, qu'ils vainquirent souvent, mais toujours avec beaucoup de dangers et de blessures.

A ces efforts d'une valeur téméraire, ces deux champions joignirent une galanterie chevaleresque. Carvalho, ayant captivé le cœur d'une demoiselle de l'illustre maison d'Avieras, l'enleva, et l'épousa malgré sa famille, qui, trouvant cette alliance trop inégale et honteuse, employa tous les moyens pour l'empêcher. Carvalho soutint quelque tems tous les efforts de cette famille, se retira de toutes ses embûches, et brava impunément le poison et les assassinats fréquens. Le frère Gaspard, qui étoit son parent, trembla pour ce jeune homme (1); et prévoyant alors ce qu'il pourroit être un jour, il voulut le délivrer de tous ces périls; il l'envoya à Londres et ensuite à Vienne secrétaire d'ambassade; et ce fut dans cet emploi que les talens du jeune Carvalho se développèrent.

Il apprit dans cet intervalle la mort de sa femme. Libre de ce lien, il eut le bonheur de plaire à une parente du fameux comte de Daun. Il éprouva encore beaucoup de difficultés dans cet amour; mais le marquis de Tancos, son ambassadeur, le favorisa; et pour applanir les obstscles, demanda qu'il fût nommé à sa place à cette ambassade : ce titre lui procura le mariage auquel il prétendoit. Il commençoit dèslors à remplir les espérances qu'il avoit données; ses dépêches faisoient l'admiration du conseil (2) : on y distinguoit cette politique supérieure, cette netteté, cette

---

(1) Le frère Gaspard fut le confesseur du roi don Juan V, lorsque, vers la fin de sa vie, ce prince tomba dans une dévotion outrée.

(2) Il ne put cependant jamais vaincre la répugnance de Juan V, qui disoit: *Carvalho a le cœur couvert de poil.*

justesse qu'il a employées depuis dans toutes les affaires.

A la mort de don Juan V, arrivée en 1750, Carvalho fut rappelé en Portugal et placé dans le conseil, dont il devint bientôt l'oracle et le maître. Diego de Mendóça, son prédécesseur, fut exilé, et Carvalho prit alors les rênes du gouvernement. Mais ce fut sur-tout par l'activité et la prudente fermeté que ce ministre fit voir au désastre affreux causé par le tremblement de terre du 1er. novembre de l'année 1755, qu'il sut gagner l'entière confiance du roi son maître, et qu'il obtint le pouvoir le plus étendu. Et cette confiance du roi ne fit qu'augmenter de plus en plus par la conduite politique et hardie que tint le marquis de Pombal pour parvenir à découvrir et à punir les auteurs de la conjuration contre les jours de sa majesté.

On peut donc dire que le marquis de Pombal a possédé toutes les qualités qui distinguent un grand politique ; mais comme un homme n'est jamais universel, et qu'il ne s'occupe essentiellement que de la partie qu'il a exercée toute sa vie, à laquelle il sacrifie souvent toutes les autres; on a vu que ce grand ministre s'est occupé purement de la politique intérieure, et qu'il n'a point connu la partie militaire; qu'il semble avoir un peu négligée. Il ignoroit sans doute qu'il n'y a de bonne politique que celle qui est soutenue par les armes, qui doivent être l'appui des négociations, la solution des difficultés, et le seul garant des traités entre les souverains.

On a reproché aussi à ce ministre une passion singulière d'écrire sur les matières abstraites, et de donner un peu dans la pédanterie. Il a attaqué personnellement les jésuites avec sa plume; et presque tous les écrits qui ont paru pendant long-tems en Portugal sur l'agriculture, sur les jésuites, sur le collège des nobles, sur la non-infaillibilité, sont de sa main.

Jamais ministère n'a été ni plus orageux ni plus glorieux que le sien. Il lui fallut tout son courage pour vaincre les dangers qu'il rencontra, tant par la méchanceté de ses ennemis, que par les événemens les plus extraordinaires ; mais plus les momens furent fâcheux, plus il montra de fermeté et de grandeur d'ame (1). En un mot, on peut comparer ce ministre au cardinal de Richelieu, sans craindre de blesser la vérité. L'un et l'autre sont parvenus aux plus grands honneurs ; tous deux ont gouverné par la crainte, ont rétabli l'autorité royale, en humiliant la noblesse ; tous deux ont eu la ridicule prétention de bel esprit et de l'universalité des talens ; tous deux ont été grands politiques, maîtres impérieux, ennemis irréconciliables, aimables en société, affables envers les étrangers ; tous deux ont monté par des voies nobles, sans jamais plier vis-à-vis la fortune ; tous deux ont amassé de grandes richesses ; tous deux ont été l'honneur et le soutien de leur nation, dont ils ont essuyé la légéreté, l'ingratitude et la haine, qu'ils ont vaincu par la fermeté et la ri-

---

(1) Lorsqu'il apprit qu'on avoit arraché son médaillon appliqué au bas de la statue équestre du roi Joseph, il dit sans s'émouvoir : *J'en suis bien aise, il ne me ressembloit pas du tout.*

gueur; tous deux enfin ont fait tout par eux-mêmes.

Le marquis de Pombal a de sa seconde femme deux garçons et deux filles, qui ne lui ressemblent en rien, et dont il a tout à fait négligé l'éducation.

F I N.

# TABLE DES ARTICLES

CONTENUS DANS CE VOLUME.

### TABLEAU DE LISBONNE.

| | |
|---|---|
| Avis de l'éditeur, | page 5 |
| Avant-propos, | 7 |
| Reconstruction de Lisbonne, | 15 |
| Rues, | 19 |
| Places, | 24 |
| Maisons particulières, | 29 |
| Edifices publics, | 34 |
| Fontaines, | 38 |
| Promenades, | 39 |
| Climat, | 41 |
| Domestiques, | 49 |
| Auberges, | 56 |

## TABLE

| | |
|---|---:|
| Étrangers, | page 61 |
| Voitures, | 67 |
| Théâtres, | 69 |
| Sociétés, | 71 |
| Mœurs, usages, | 76 |
| Quintas ou Maisons de campagne, | 89 |
| Processions, | 92 |
| La cour, | 99 |
| Voyages de la cour, | 105 |
| Palais du roi, | 108 |
| Grands, | 110 |
| Espionnage, | 113 |
| Police, | 117 |
| Sûreté des rues, | 121 |
| Propreté des rues, | 128 |
| Clarté des rues, | 132 |
| Filles publiques, | 134 |
| Pots de chambre, | 140 |
| Gouvernement de l'état, | 143 |
| Despotisme ministériel, | 155 |
| Chapitre nécessaire à la suite des précédens, | 169 |
| Peuple, | 177 |
| Mendians, | 187 |
| Prisons, | 190 |
| Crimes et criminels, | 197 |

| | |
|---|---|
| Comestibles, | page 202 |
| Accoucheurs, | 211 |
| Médecins, | 215 |
| Enterremens, | 221 |
| Censure des livres, | 227 |
| Sciences, | 231 |
| Université de Coimbre, | 241 |
| Littérature, | 245 |
| Académies, | 247 |
| Troupes de terre, | 258 |
| Marine royale, | 263 |
| Collège des nobles, | 265 |
| Arts, | 266 |
| Clergé, | 273 |
| Religion, | 280 |
| Mafra, couvent neuf, | 288 |
| Siège patriarchal de Lisbonne, | 290 |
| Femmes, | 296 |
| Demoiselles, | 298 |
| Mariages, | 300 |
| Chiens publics, | 308 |
| Gallegos, | 310 |
| Frigideiros, | 314 |
| Faux témoins, | 318 |
| Ordres militaires, | 321 |
| Prévention nationale, | 327 |

TABLE DES ARTICLES.

Lettres écrites de Portugal, sur l'état ancien et actuel de ce royaume.

*Avis de l'éditeur,* page 337
*Lettre I*ère*.,* 339
*Lettre II,* 345
*Lettre III,* 351
*Lettre IV,* 356
*Lettre V,* 361
*Lettre VI,* 368
*Lettre VII,* 374
*Lettre VIII,* 380
*Lettre IX,* 382
*Lettre X,* 387
*Lettre XI,* 393
*Lettre XII,* 399
*Lettre XIII,* 401
*Lettre XIV,* 409
*Lettre XV,* 413
*Lettre XVI,* 417
*Lettre XVII,* 422

Portrait historique du marquis de Pombal, 429

FIN DE LA TABLE.

# ERRATA.

Page 49 ligne 18 *guardas-ropa*, lisez *guardos-ropa*.
    116         5 délatère, *lisez* délétère.
    117         5 *pina manique*, lisez *Pina Manique*.
    148         11 par son talent et l'espionnage, *lisez* par son talent pour l'espionnage.
    164         4 *de la note* distictions, *lisez* distinctions.
    272         3 souilliers, *lisez* souliers.
    324         22 modernes, *lisez* moderne.
    378         9 chercha, *lisez* cherchât.

# LIVRES

*Qui se trouvent chez* H. J. JANSEN, *imprimeur-libraire, rue des Saints-Pères, no. 1165.*

Histoire naturelle des Singes, par J. B. Audebert. Cet ouvrage, *in-folio*, sur papier vélin nom de Jésus, paroît par cahiers de six planches coloriées, avec le texte. Prix 30 liv. chaque cahier.

Voyage en Angleterre, en Ecosse et aux îles Hébrides ; ayant pour objet les sciences, les arts et l'histoire naturelle ; avec la description minéralogique des environs d'Edinbourg, de Glasgow, de la montagne de Kinoull près Perth, de l'île de Mull, de celle de Staffa et de la grotte de Fingal ; par le citoyen Faujas Saint-Fond. 2 vol. *in-8°.* avec figures. 12 liv.

Le même ouvrage *in-4°.* 24 liv.

Nouveau Voyage autour du monde ; précédé d'un Voyage en Italie, en Sicile, etc. ; par le cit. Pagès. 3 vol. *in-8°.* avec six belles planches. 12 liv.

OEuvres complettes de Winkelmann, en 8 vol. *in-4°.* de 6 à 700 pages chacun ; contenant environ 250 planches, et 100 vignettes et fleurons relatifs à l'ouvrage. Les deux premiers volumes ont paru. 60 liv. Le troisième est sous presse et complettera l'*Histoire de l'art.*

Histoire naturelle des oiseaux d'Afrique ; par François Levaillant. Il en paroît un cahier de six planches par mois avec leur description :

*In folio*, papier vélin, nom de Jésus, avec figures coloriées et en noir. Chaque cahier coute 30 liv.

*In-4°.*, papier vélin, nom de Jésus, figures coloriées. Chaque cahier coute 12 liv.

*In-4°.*, beau papier fin, nom de Jésus, figures en noir. Chaque cahier coute 7 liv.

Le même ouvrage *in-12* avec figures, pour faire suite à l'*Histoire naturelle de Buffon.* Les deux premiers volumes vont paroître ; les autres suivront.

* Second Voyage dans l'intérieur de l'Afrique, par le Cap de Bonne-Espérance ; par François Levaillant. 2 vol. in-4°. avec 22 planches. 24 liv. *Il y a quelques exemplaires sur papier vélin et avec figures coloriées*

* Le même ouvrage. 3 vol. in 8°. avec 22 planches. 15 liv. *Il a quelques exemplaires sur papier vélin et avec figures coloriées.*

* Carte de la partie méridionale de l'Afrique, pour servir à l'intelligence des deux voyages de Levaillant, sur papier grand aigle et enluminée. 6 l.

* Histoire secrète de la Révolution françoise, depuis la convocation des notables jusqu'au premier novembre 1796, *vieux style* ; contenant une foule de particularités peu connues, et des extraits de tout ce qui a paru de plus curieux sur cette révolution, tant en France qu'en Allemagne et en Angleterre ; par F. Pagès. 2 vol. in 8°. 8 liv.

* Description des pays situés entre la mer Noire et la mer Caspienne ; suivie 1°. d'un Mémoire sur le cours de l'Araxe et du Cyrus ; 2°. d'Eclaircissemens sur les Pyles Caucasiennes et Caspiennes ; 3°. d'une Analyse de la carte du cours de l'Araxe et du Cyrus ; 4°. de l'Extrait d'un Voyage fait en 1784 dans la partie méridionale de la Russie ; avec deux belles cartes, dont une sur papier grand aigle. 12 liv. La grande carte seule 6 liv.

* Valère Maxime, traduit du latin, par le citoyen René Binet. 2 vol. in 8°. 6 liv. *Il y a quelques exemplaires sur papier vélin.*

* Discours sur l'histoire et sur la politique en général ; par le docteur Priestley. Traduit de l'anglois. 2 vol. in-8°. 6 liv. *Il y a quelques exemplaires sur papier vélin.*

* Projet de paix perpétuelle, essai philosophique ;

par Emmanuel Kant. Traduit de l'allemand, avec un nouveau supplément de l'auteur. *In*-12. 1 liv. 10 sous.

* Histoire de la décadence des mœurs chez les Romains, et de ses effets dans les derniers tems de la république ; par C. Meiners. Traduit de l'allemand. 1 vol. *in*-12. 2 liv. 10 sous.

* Essai sur la politique et la législation des Romains. Traduit de l'italien. 1 vol. *in*-12. 2 liv.

* Cours d'étude pharmaceutique ; par B. Lagrange, pharmacien de Paris, officier de santé des armées de la république. 4 v. *in*-8°. avec fig. 12 l.

* Les Amours de Clitophon et de Leucippe. 1 vol. *in*-18, sur papier vélin, avec 4 jolies gravures. On n'en a tiré que 500 exemplaires. 6 liv.

* Woldemar, par M. H. F. Jacobi ; traduit de l'allemand par M. Ch. Vanderbourg. 2 vol. *in*-12 avec figures. 3 liv. *Il y a quelques exemplaires sur papier vélin.*

* Ferdinand et Constance ; suivi de Julie, de Thémire, du Solitaire et d'Alpin ; par Rhynvis Feith. Traduit du hollandois. 3 vol. *in*-18, avec 10 fig. 3 liv.

* Dissertation sur les variétés naturelles qui caractérisent la physionomie des hommes des divers climats et des différens âges. Suivie de réflexions sur la Beauté, particulièrement sur celle de la tête ; avec une manière nouvelle de dessiner toutes sortes de têtes avec la plus grande exactitude. Ouvrage posthume de Pierre Camper. Traduit du hollandois. On y a joint une Dissertation, du même auteur, sur la meilleure forme des souliers. *In*-4°. avec 11 planches et 3 vignettes en taille-douce. 9 liv.

Nugent, *Pocket Dictionnary*, ou Dictionnaire de poche de Nugent ; anglois et françois, et françois et anglois. Nouvelle édition augmentée de quelques milliers de mots, et, entr'autres, de tout le Dictionnaire de la marine, et des termes les plus usités de l'histoire naturelle. Avec un Abrégé de Grammaire angloise et une table des mots homonymes, par J. F. Charrier. 6 liv. relié.

* OEuvres philosophiques de Hemsterhuis. 2 vol. *in-8º*.; enrichies de 3 planches et de 26 vignettes en taille-douce. 15 liv.

Principales figures de la Mythologie, exécutées en taille-douce d'après les pierres gravées antiques qui appartenoient autrefois au baron de Stosch, et qui sont aujourd'hui dans le cabinet du roi de Prusse. Il en paroît trois livraisons *in folio*, chacune composée de douze planches avec leurs explications. Prix 20 livres chaque livraison.

*Ansichten des herzoglich Wurtembergischen Landzizes Hohenheim*; c'est-à-dire, Description de la maison de campagne du duc de Wurtemberg. Il en paroît deux cahiers *in-folio* sur papier vélin, contenant chacun six planches supérieurement coloriées. Prix 36 liv. chaque cahier.

*Icones plantarum Syriæ rariorum descriptionibus et observationibus illustratæ. Auctore J. J Labillardiere. M. D.* La première et seconde livraisons de cet ouvrage paroissent; les quatre autres paroîtront sous peu. Prix 7 liv. 4 sous la livraison.

Histoire naturelle de la montagne de Saint-Pierre de Maëstricht; avec la description topographique des lieux et celle des corps fossiles et pétrifiés qu'on y a trouvés; tels que les grandes machoires et dents de crocodile, ossemens de divers cétacés, de quadrupèdes terrestres, madrépores, coquilles, bois pétrifiés, etc.; par le citoyen Faujas Saint-Fond, professeur de géologie au Muséum national d'histoire naturelle et administrateur du Jardin des plantes. *In-4º*. papier nom de Jésus, avec plus de 30 gr. pl. et une vignette en taille-douce. *Cet ouvrage est sous presse.*

www.ingramcontent.com/pod-product-compliance
Lightning Source LLC
Chambersburg PA
CBHW070606230426
43670CB00010B/1421